북아메리카
남아메리카

유럽
아시아
아프리카
오세아니아

교과서 속 세계 문화 탐험 ⑥

붉은 광장과 문화의 나라

러시아

교과서 속 세계 문화 탐험 ❻

붉은 광장과 문화의 나라 러시아

1판 1쇄 발행 2025년 5월 23일

글쓴이 이안
그린이 윤남선

편집 김민애
디자인 박영정

펴낸이 이경민
펴낸곳 ㈜동아엠앤비
출판등록 2014년 3월 28일(제25100-2014-000025호)
주소 (03972) 서울특별시 마포구 월드컵북로22길 21, 2층
홈페이지 www.moongchibooks.com
전화 (편집) 02-392-6901 (마케팅) 02-392-6900
팩스 02-392-6902
전자우편 damnb0401@naver.com
SNS

ISBN 979-11-6363-850-6 74810
979-11-6363-524-6 (세트)

1. 책 가격은 뒤표지에 있습니다.
2. 잘못된 책은 구입한 곳에서 바꿔 드립니다.

도서출판 뭉치는 ㈜동아엠앤비의 어린이 출판 브랜드로, 아이들의 지식을 단단하게 만들어주고, 아이들의 창의력과 사고력을 키워주어 우리 자녀들이 융합형 창의 사고뭉치로 성장할 수 있도록 좋은 책을 만들겠습니다.

교과서 속 세계 문화 탐험 ⑥

붉은 광장과 문화의 나라 러시아

뭉치 MoongChi Books

작가의 말

쌍둥이 남매 '사고, 뭉치'와 함께 러시아로 스릴 넘치는 탐험 여행을 떠나 보세요!

러시아는 세계에서 국토가 가장 넓은 나라예요. 얼마나 넓냐고요? 국토 면적 전체가 무려 열한 개의 시간대에 걸쳐 있다면, 상상이 되나요? 같은 나라인데도 어느 지역은 아침 6시, 다른 지역은 낮 12시일 수 있다는 뜻이에요. 우리나라는 어느 지역이든 시간이 똑같은데 말이지요. 인구도 현재 세계에서 아홉 번째로 많아요. 유럽 최대의 인구이지요.

영토가 이렇게 넓기 때문일까요? 인도 다음으로 야생 호랑이가 많이 서식하고 있는 나라예요. 그리고 시베리아 지역 때문에 엄청 추운 나라로 알려져 있는데요. 대부분 지역이 추운 것은 사실이지만 영토가 워낙 크다 보니 남부 쪽에는 따뜻한 지역도 있어요. 2014년 소치에서 동계 올림픽이 열렸던 걸 기억하나요? 소치는 2월 평균 기운이 7도나 되는 아열대 기후랍니다. 우리나라 제주와 비슷하지요. 러시아 전체적으로는 겨울이 조금 긴 편이기는 하지만 1년 내내 추운 것도 아니고, 여름도 우리나라만큼 더운 지역이 있답니다.

이렇게 넓게 펼쳐져 있는 나라이기 때문일까요? 러시아는 다양한 인종과 문화가 섞여 있어요. 슬라브 문화가 바탕이기는 하지만 정교회 동로마 문화와 몽골 지배로 들어온 몽골 문화도 러시아인들에게 강한 영향을 끼쳤어요. 여기에 더불어 표트르 대제의 서구화 정책으로 러시아는 여러 문화로 혼합된 특수한 문화를 갖추었지요. 정치적으로 불안한 시기를 많이 거쳤지만, 문학과 음악, 미술 등의 예술 분야에서는 근대에 들어 매우 뛰어난 문화 색채를 갖게 되었답니다.

이 책은 쌍둥이 남매인 사고와 뭉치가 러시아에서 결혼하게 된 이모의 결혼식에 참석하게 되면서 벌어진 시간 여행 탐험으로 구성되어 있어요. 러시아에서 오랫동안 전해져 온 민담의 주인공들인 정령과 요괴에 맞서 스릴 넘치는 모험을 하면서 자연스럽게 러시아의 역사와 문화를 배우게 되지요.

자, 그럼 사고뭉치 남매와 함께 러시아로 문화 탐험을 떠나 볼까요?

세계 역사와 문화에 꿈을 담는 이야기꾼

이안

차례

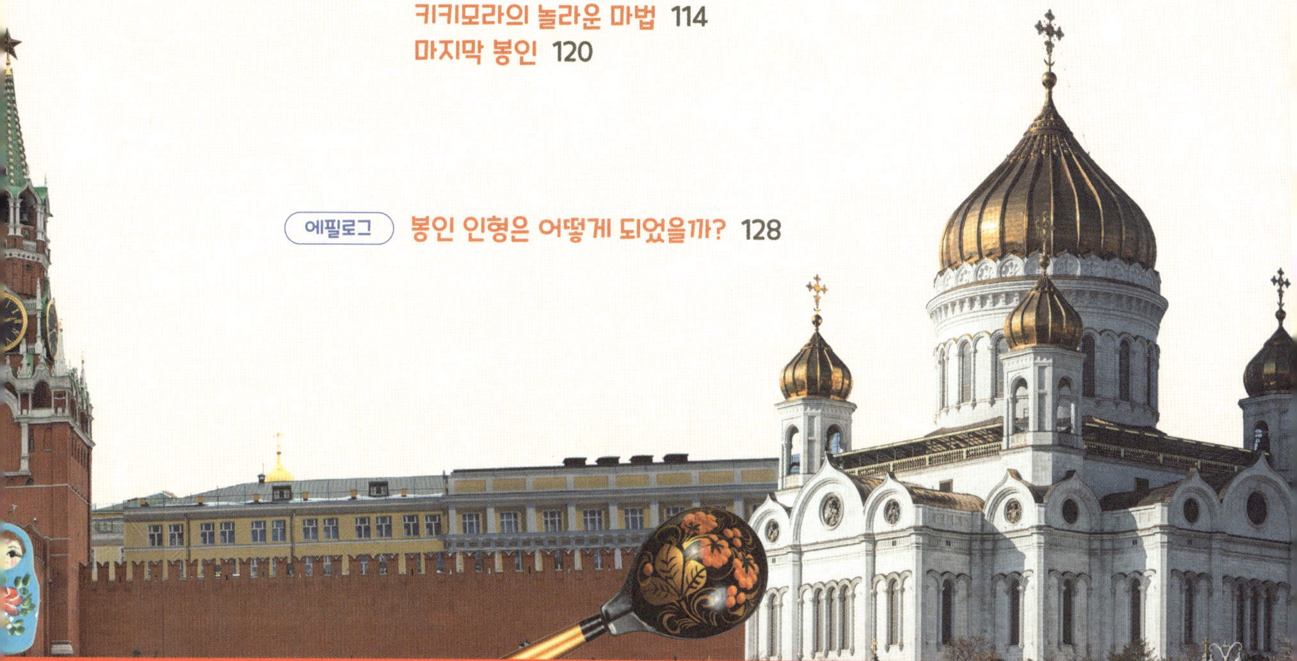

등장 인물

사고

쌍둥이 남매 중 여동생. 무조건 의심부터 하는 아이. 책 읽기를 좋아해서 아는 것은 많지만 정작 필요할 때 써먹지 못한다. 쌍둥이 오빠와 같이 다니면 '사고뭉치' 콤비가 되어 버려 난감할 때가 많다.

뭉치

쌍둥이 남매 중 오빠. 귀신과 요괴를 볼 수 있는 특별한 능력 때문에 예기치 않은 일에 휩쓸린다. 즉흥적으로 판단하고 행동부터 하는 급한 성격 때문에 사고가 끊이지 않는다. 게임을 좋아하고, 공부는 싫어하지만 눈치가 빨라 의외로 문제를 손쉽게 해결할 때가 많다.

도모보이

러시아 민가의 벽난로 뒤에 살며 가정을 지켜 주는 정령. 온몸이 털로 가득한 할아버지 모습을 하고 있다. 뭉치와 사고를 도와 바바야가와 맞선다.

키키모라

러시아 민가의 여자 정령. 다양한 모습으로 뭉치 앞에 나타나는 의문의 존재.

바바야가

아이들을 잡아먹는 것으로 알려진 요괴. 세상을 요괴 세상으로 만들기 위해 계략을 꾸민다.

이상한 웃음소리

러시아에서 유학 중인 막내 이모가
러시아 사람과 결혼한대.
뿌우~
그래서 우리 가족은 배를 타고 러시아에 가기로 했지.
러시아는 어떤 나라일까? 결혼식은 얼마나 재밌을까?
그것보다 난 크루즈 여행이 더 기대되는걸?
붐붐 지지 지지
그런데 이 소리는 뭐지?

깜짝.
오싹
스윽
사고야,
너 지금 이 소리 들었어?
오빠, 그림자 봤지?
아무래도 수상해.
설마 이번 이모
결혼식에서도
이상한 일을 경험하게
되는 건 아니겠지?
나도 제발
아니면 좋겠다.
툭하면 세계 각국의 요괴를 만나게 되니,
걱정이 안 될 리가 없지.
제발 이번엔 별일 없기를
바란다고.
뿌우~
분명 우리가
잘못 본 걸 거야.

1장

결혼식장에서 생긴 일

이상한 노인

오늘은 이모의 결혼식 날! 성대한 결혼식이 시작되었어.

"와! 이모 좀 봐. 너무 예쁘다. 공주님 같아."

사고는 웨딩드레스를 입은 이모를 보며 환호성을 질러 댔어.

이모의 결혼식은 아주 특별했어. 우리나라의 일반적인 결혼식보다 좀 더 흥겨웠어.

예식장에 가기 전, 이모 집 앞에선 아주 재미난 광경이 벌어졌어. 신랑이 친구들과 같이 이모 집으로 몰려온 거야.

"어? 왜 신랑이 친구들을 데리고 여기로 온 거지?"

어리둥절해하는 사고에게 엄마가 말했어.

"러시아에선 결혼식을 앞두고 신랑이 친구들과 신부 집으로 오는 풍습이 있대. 우리나라도 '함 사세요!' 소리치면서 신랑 친구들이 함을 지고 신부 집에 몰려오는 풍습이 있잖아. 그것과 비슷한 건가 봐. 근데 여기 풍습은 게임을 하는 거라던데?"

엄마 말이 맞았어. 몰려온 신랑 친구들에게 신부 친구들이 퀴즈도 내고 게임도 시키더라고. “퀴즈를 못 맞히면 신부 집에 못 들어가요!” 하면서 말이야.

신랑과 친구들은 신부 친구들이 낸 퀴즈를 맞히고 게임을 하면서 신나게 놀았어. 구경하는 우리도 신이 났지. 그런데 가장 재미난 건 ‘신부 업고 뛰기’ 게임이었어.

“신랑은 신부를 업고 한 바퀴 뛰어요.”

신부 친구의 말에 신랑은 당황했어. 사실 우리 이모가 좀 몸무게가 나가거든. 그래도 어쩔 수 없다는 듯 빼빼 마른 신랑은 이모를 업고서 낑낑!

결국 반도 뛰지 못한 채 꽈당 넘어지고 말았지.

"어머나! 이를 어째."

엄마는 당황해하고, 나랑 사고는 킥킥 웃음을 터트렸어. 신랑과 신부의 친구들도 웃음을 터트리며 즐거워했지.

결혼식이 끝났는데도 신랑과 신부는 하객들과 같이 맛있는 음식을 먹고 즐기면서 재밌게 놀았어.

"신랑과 신부가 종일 같이 노니까 결혼식이 더 즐거워. 꼭 영화 속 멋진 파티 같잖아."

사고는 이모의 결혼식에 흠뻑 취한 듯 말했어.

"파티 같은 게 아니라 결혼식 파티지 뭐. 근데 이런 재미난 파티가 하루뿐이란 게 너무 아쉽다!"

나는 아쉬운 표정으로 투덜거렸지.

사고가 날 흘겨보며 혀를 끌끌 찬 건 그때야.

"러시아는 결혼식을 이틀 동안 하잖아. 오빤 그것도 몰라?"

"뭐? 이틀이나 해? 정말?"

"그렇다니까. 첫날은 친구들과 친척, 하객들과 같이 즐기고, 다음 날은 보통 신부 집에서 가까운 친구와 친척들만 모여서 즐기는 풍습이 있단 말이야. 이 정도 상식은 미리 알고 오는 게 매너 아냐?"

"쳇! 나도 러시아에 관한 책 읽었거든."

"만화였잖아. 러시아에 대한 정보는 코딱지만큼밖에 없던 걸 뭐. 최소한 나처럼 두꺼운 러시아 백과사전 정도는 읽었어야지."

"그래! 너 잘났다, 잘났어."

난 콧방귀를 뀌며 쏘아붙였어. 사실 그런 것 좀 모르면 어때? 신나게 결혼식을 즐기면 되는 거잖아.

이모는 어느새 신랑과 함께 전통 의상인 사라판과 루바슈카로 갈아

러시아의 문화유산 이야기

사라판과 루바슈카

사라판은 러시아 여성의 전통 의상이에요. 사라판은 소매 없는 드레스로, 안에는 소매가 풍성한 흰색 블라우스를 받쳐 입는답니다. 일자형 원피스로 된 형태도 있고, 짧은 조끼나 윗옷을 걸쳐 입는 사라판도 있어요. 루바슈카는 러시아 남성의 전통 의상이에요. 허벅지 중간까지 오는 길이에 소매와 밑단에 장식이 들어간 것이 특징으로, 허리끈으로 고정시키지요. 아래에는 통이 넓은 바지와 중간 길이의 부츠를 신는다고 해요.

입었어. 사라판을 입은 이모는 인형처럼 예쁘더라고. 악사들이 연주하는 전통 음악에 맞춰 춤을 추는 신랑과 신부!

나도 사고와 함께 신나게 춤을 추었어.

그런데 한참 춤을 추다가 문득 발을 멈추고 말았어. 이상한 소리가 계속 들려왔거든.

"날 도와 다오. 마실 것을 다오. 마실 것을 다오. 마실 것을……."

힘이 없이 축 늘어진 낮은 목소리였어. 나는 소리를 좇아 고개를 돌렸지.

하지만 사람은 보이지 않고 목소리만 계속 들리는 거야. 목소리는 너무 애절해서 나도 몰래 그 소리를 따라가게 되더라고.

한참 소리를 따라가다 보니, 결혼식장을 벗어나 버렸어.

"어? 저 집에서 들리는 소린가?"

눈앞에 아주 낡고 고풍스런 집이 나타나 발걸음을 멈추었어. 너무 오래돼서 그런지 스산한 기운마저 느껴졌지.

하지만 그곳에서 나는 소리는 아니었어. 난 집을 지나쳐 다시 정신없이 소리를 좇아 걸어갔어.

그렇게 얼마나 갔을까? 저만치 숲이 보였어.

"마실 것을 다오. 마실 것을……."

소리는 숲에서 들려오고 있었어. 난 다급히 넝쿨을 헤치고 달려갔지.

어? 그런데 저건 뭐지? 나무에 어떤 노인이 묶여 있지 뭐야! 노인은 발가벗겨진 채로 쇠사슬에 묶여 있었어. 나를 본 노인이 힘없이 말했어.

"얘야, 마실 것을 좀 다오. 마실 것을."

노인의 목소리는 애절했어.

"나는 오랫동안 여기서 고통받으며 먹지도 마시지도 못했단다. 목구

멍이 완전히 말라붙어 버렸어. 제발 거기 물통에 있는 물을 좀 나에게 다오."

도대체 누가 가엾은 노인에게 저런 짓을 한 걸까? 나는 다급히 물통을 보았어. 물통은 모두 세 개였는데 물이 가득했어.

난 물통을 들고 가서 노인의 입에 부어 주었어.

"할아버지, 어서 물 드세요."

노인은 꿀꺽꿀꺽 정신없이 물을 마셨어. 노인은 그래도 갈증이 나는 듯 또다시 부탁했어.

"한 동이를 더 다오."

난 큰 물통 하나를 더 가져왔지.

그런데 그것까지 다 마신 노인은 마지막 물통마저 달라고 하는 거야.

"한 동이만 더 다오."

"또요? 와! 목이 많이 마르셨나 봐요?"

놀란 난 마지막 물통을 가져왔지. 막 세 번째 물통의 물을 노인 입에 부어 주는 참이었어.

"오빠, 멈춰! 안 돼!"

등 뒤에서 다급한 목소리가 들려왔어.

어느새 뒤따라온 사고가 고함을 치며 달려오고 있었어. 사고는 물통을 낚아채며 소리쳤어.

"오빠, 정신 차려! 모르겠어? 저 노인은 요괴잖아."

"뭐? 요괴?"

난 정신이 번쩍 들었어. 노인의 목소리에 홀려 노인이 하라는 대로 하고 있단 걸 깨달은 거야.

그제야 난 노인을 똑바로 쳐다봤어. 팔다리가 앙상한 노인이었지만 강력한 기운이 느껴졌어. 스멀스멀 풍겨 나오는 검은 연기와 소름이 쫙 돋는 스산함!

하지만 이미 늦었지 뭐야. 물 두 통을 먹고 쇠사슬을 푼 노인은 세 번째 물통의 물까지 몽땅 마셔 버렸지 뭐야! 쇠사슬은 인간들이 요괴를 꼼짝 못하게 묶어 두는 수단이었던 거지. 노인은 힘을 얻은 듯 고함을 질러 댔어.

"크아아앙!"

순간 웅크렸던 노인은 아주 거대한 요괴로 변했어. 소름 돋는 뱀의 눈에 뾰족한 손톱! 수염과 긴 머리칼을 펄펄 날리는 저 요괴 좀 봐.

"낄낄낄! 난 불멸의 코셰이! 드디어 쇠사슬에서 풀려났어."

놀란 사고와 난 몸이 뻿뻿하게 굳는 것 같았어.

러시아의 정령과 요괴 이야기

불멸의 코셰이

코셰이는 러시아 민담에 나오는 요괴예요. '코시체이'나 '카시체이'라고 부르기도 하지요. 발가벗은 노인의 모습이지만 폭풍이 몰아치는 산을 내달리고, 변신술이나 마법에 능해요. 자신의 영혼과 생명력을 바늘 구멍 안에 숨겨 두기 때문에 죽일 방법이 없답니다. 그래서 '불멸의 코셰이'로 불려요.

코셰이는 입을 쩍 벌리더니 우릴 향해 소리쳤어.

"이놈들을 잡아먹으면 된다는 거지? 두 놈을 몽땅 잡아가서 라즈보이닉과 한 놈씩 나눠 먹으면 되는 거야. 낄낄낄! 두 녀석 중, 어느 놈을 먹어 치울까? 누가 더 맛있을까? 낄낄!"

"으아악!"

우릴 잡아먹겠다고? 대체 이게 무슨 일이람?

도모보이의 믿기 힘든 이야기

코셰이가 우릴 향해 덮쳐 왔어. 폭풍처럼 빠르게 말이야. 코셰이가 막 내 팔을 잡으려는 참이었어.

"멈춰!"

어디선가 커다란 고함이 들리더라고.

순간 코셰이는 멈칫!

뒤돌아본 난 두 눈이 휘둥그레지고 말았어. 고함의 주인공은 바로 저 눈덩이?

눈덩이가 데굴데굴 굴러오고 있었던 거야. 아니, 그건 눈덩이가 아니라 털복숭이였어. 굴러오는 털복숭이를 보던 난 깜짝 놀랐지.

"도모보이다!"

난 한 번에 도모보이를 알아볼 수 있었어. 내가 자주하는 게임 속에서 러시아 정령인 도모보이 캐릭터를 본 적이 있거든. 러시아 집 안의 난로 옆에 살며 행복을 가져다준다는 정령 말이야.

러시아의 정령과 요괴 이야기

집의 정령 도모보이

슬라브족이 믿는 정령으로 집안의 수호신이에요. 사람들에게 행복을 가져오는 정령으로, 눈치채지 못하게 밭일을 도와주거나 울음소리를 내서 다가오는 불행을 알려 주지요. 할아버지 모습을 하고 있는데, 손바닥을 포함한 온몸이 하얀 털로 덮여 있어요. 러시아에선 집을 지으면 난로 옆에 빵 한 조각을 놓아두고 도모보이를 불러들이는 풍습이 있어요. 일단 새집으로 들어온 도모보이는 따뜻한 난로 옆이나 입구의 문턱에서 사는 걸 좋아해요. 노인의 모습으로 태어난 도모보이는 점점 젊어지다가 아기 모습으로 죽는다고 해요.

도모보이는 빙글빙글 돌며 털 뭉치를 폭풍처럼 날려 댔어. 그러자 코셰이는 털 뭉치에 덮인 채 콜록거렸어.

"콜록! 콜록! 캑! 캑! 솜뭉치는 질색이야. 일단 피해야겠어."

숨을 헐떡이던 코셰이는 달아나려는 듯 공중으로 떠올랐어. 그런데 혼자 떠오른 게 아니었어. 내 옆에 있던 사고를 확 낚아채며 날아오른 거야.

"악!"

사고가 비명을 지르며 발버둥쳤지.

"사고야! 사고야!"

난 사고를 잡으려고 두 팔을 버둥거렸어. 하지만 속수무책이지 뭐야.

어디선가 쏜살처럼 말이 달려오더니 코셰이와 사고를 신고는 날아가 버렸거든.

"사고야!"

날아가는 코셰이를 쫓아갈 방법이 없어 나는 발만 동동 굴렀어. 그 사이 도모보이가 내 옆으로 다급히 내려왔어.

"이키! 한발 늦었군."

"도모보이! 코셰이가 사고를 납치해 갔어. 도와줘! 넌 사람들을 도와주는 정령이잖아."

"코셰이가 대체 뭐라면서 네 동생을 데려간 거야?"

"우리 둘을 라즈보이닉과 나눠 먹는댔어. 라즈보이닉은 또 누구야? 왜 우릴 잡아먹으려는 거지? 으악! 그럼 사고를 잡아먹으려고 데려간 거야?"

"에구! 설마 하던 일이 정말 벌어졌군."

도모보이는 길게 한숨을 뱉어 냈어. 그러더니 믿기 힘든 이야기를 들려주었지.

"요괴 코셰이는 너희들을 먹잇감 삼아 힘을 얻으려는 거야. 사실 이건 모두 바바야가의 계략이야. 바바야가는 아이를 잡아먹는 흉측한 요

러시아의 정령과 요괴 이야기

바바야가

무시무시한 마녀로 러시아뿐만이 아니라 슬라브족의 다른 동유럽 국가의 민담에도 등장해요. 말라서 뼈와 가죽만 남은 노파의 모습을 하고서 인간을 잡아먹는다고 하지요. 숲속의 집에서 사는데, 그 집은 사람의 해골로 장식되어 있답니다. 바바야가는 절구를 타고 다니는데, 절구가 바닥에 끌려 흔적이 남으면 빗자루로 그 흔적을 지운다고 해요.

괴야."

러시아엔 예부터 요괴가 아주 많았대. 그런데 문명이 발달하면서 세상이 밝아지고 시끄러워지자 요괴들이 살기 힘들어졌다는 거야. 요괴들이 살던 숲이나 호수마저 개발되면서 요괴들은 힘이 약해지거나 죽어 버렸지. 살아남았다 해도 깊은 잠에 빠지고 말이야.

그런데 생각지도 못한 일이 벌어졌대. 예전에 체르노빌에서 원자 폭발 사고가 있었는데 그때 요괴들 중에 최고로 힘이 강한 바바야가가

러시아의 역사 이야기

체르노빌 핵 발전소 폭발 사건

우크라이나의 수도인 키예프에서 북쪽으로 90킬로미터 떨어진 곳에 체르노빌 핵 발전소가 있어요. 그런데 1986년에 이 핵 발전소에서 폭발 사고가 벌어지고 말았어요. 사상 최악의 핵 발전소 폭발 사건으로 수천 킬로미터에 달하는 지역이 방사선에 오염되고 말았어요. 그 이후로 석관을 덮어 봉쇄했지만, 방사능 자체가 없어진 건 아니에요. 사고 당시 기술진의 목표는 문제를 완벽하게 해결하는 것이 아니라 일단 피해 확산을 막는 것이었어요. 지금의 기술로는 아직 확실하게 처리할 방법이 없다는 것이 안타까운 일이에요.

깨어난 거야. 바바야가는 그때 자신이 가진 힘으로 다른 요괴들의 잠도 깨웠대.

"바바야가는 요괴 세상으로 만들고 싶어 해. 그래서 코셰이와 라즈보이닉을 자신처럼 힘센 요괴로 만들려고 하는 거지. 바바야가에 의해 깨어나긴 했지만 아직 둘 다 엄청나던 예전의 힘을 회복하지 못했거든. 힘을 얻으려면 괴력을 가진 아이를 먹어야 하지. 바로 너와 네 동생!"

"그, 그럼 바, 바바야가에게 잡히면 꼼짝없이 요괴의 먹이가 되겠네?"

"안심해. 바바야가도 아직은 예전만큼 힘이 세지 못해. 다른 요괴들을 깨우느라 힘을 다 써 버렸거든. 그래서 어디선가 힘을 키우고 있을 거야. 아이들을 잡아먹으면서 말이야. 옛날에도 그랬어. 내가 정령으로 있던 집의 아이도 바바야가에게 당했어. 그래서 그 집은 폐허가 되고 말았지."

목소리를 쫓아오면서 지나쳤던 낡은 건물이 바로 도모보이가 정령으로 있던 집이었나 봐.

도모보이는 그 후 자신이 지키던 집을 불행으로 빠트린 바바야가에게 복수를 결심했고 그 기회만 엿보고 있다는 거야.

"곧 바바야가가 힘을 찾고 코셰이와 라즈보이닉이 힘을 회복하면 큰일 나. 절대 그런 일이 생기면 안 돼. 바바야가의 힘이 약해진 지금이 놈들을 없앨 절호의 기회야. 놈들을 막아야 해!"

하지만 내게 가장 급한 건 놈들을 없애는 일이 아니었어.

“내 동생! 내 동생부터 찾아야 해. 혹시 벌써 먹어 버린 건 아니겠지?”

“진정해. 코셰이와 라즈보이닉은 함께 깨어났기 때문에 너희 둘을 모두 잡아와서 동시에 먹어야만 힘이 생겨. 그러니까 너를 잡기 전엔 사고를 먹어 치우지 못할 거야.”

“도모보이, 제발 사고를 구할 수 있게 도와줘.”

“그냥은 안 돼. 너 스스로 동생을 구하겠다는 의지를 보여야만 도와줄 수 있어. 그게 우리 정령들의 규칙이야. 그 정도의 의지와 노력은 할 줄 아는 인간이라야 우리 정령들의 도움을 받을 자격이 있으니까.”

대체 어떻게 내 의지를 보여 줄 수 있을까?

러시아 한눈에 알아보기

세계 수준의 예술과 문화를 자랑하는 나라

러시아는 문학, 음악, 미술은 물론 발레, 건축 및 각종 응용 예술 등에서 세계적 수준의 문화와 예술을 자랑해요.
특히 러시아 문학은 천년의 역사를 자랑하며 푸시킨, 톨스토이, 도스토옙스키, 안톤 체홉 등의 세계적인 작가들을 탄생시켰어요.

러시아의 대표 작가, 톨스토이

특히 톨스토이는 러시아 사실주의 문학의 대가로, 세계에서 가장 위대한 작가 중 한 명으로 손꼽혀요. 『전쟁과 평화』, 『안나 카레니나』가 대표 작품이에요. 톨스토이는 백작의 직위를 가진 귀족이었지만 『바보 이반』, 『사람은 무엇으로 사는가』 등의 작품을 통해 귀족의 과도한 재산 소유 때문에 농민들이 가난한 사회를 비판했어요. 이렇게 자신이 옳다고 생각하는 내용을 몸으로 실천하는 지식인이었기에 농민들을 위한 학교도 만들어 운영했어요. 1871년에는 직접 교과서를 쓰기도 했는데, 그 내용 때문에 귀족들이 크게 반발했어요. 농민과 귀족이 평등하게 교육받도록 한 내용이었거든요. 하지만 자신들도 배울 수 있다는 사실에 감동한 농민들은 톨스토이를 지지했답니다.

레프 니콜라예비치 톨스토이
(1828~1910)

발레의 왕국

발레는 러시아에서 발달한 춤이자 무대 예술이에요. 러시아는 예부터 음악과 극장 보급에 힘썼는데, 그로 인해 발레가 발전하게 되었어요. 1738년 발레 학교가 세워진 것을 계기로 러시아 발레는 빠르게 발전하며 세계 최고 수준으로 평가를 받게 되었지요. 모스크바의 볼쇼이 극장은 1887년 〈백조의 호수〉를 초연한 곳으로 유명하고, 상트페테르부르크의 마린스키 극장은 1892년 〈호두까기 인형〉을 초연한 곳으로 유명하지요.

러시아 전통 악기

래칫

러시아에서 인기 있는 전통 악기 중 하나예요. 16~18센티미터 정도의 크기인 래칫은 박수 소리를 모방해서 만든 악기라고 해요. 옛날에는 갈대 줄기로 만들어서 불었어요.

우든스푼

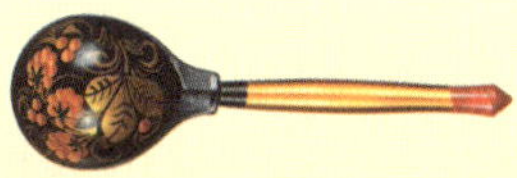

숟가락을 타악기로 사용하던 전통에서 나온 악기로, 노래를 부르거나 박자를 맞출 때 사용해요.

2장

루살카를 만나다

코셰이를 찾아서

도모보이는 커다란 지도를 펼쳤어.

"이 지도를 보고 코셰이가 달아난 곳을 알아내야 해. 이건 바바야가가 코셰이와 라즈보이닉을 깨운 뒤에 둘을 각각 어딘가에 숨겨 두고서 그 위치를 표시해 둔 지도야."

"정말? 근데 이걸 어떻게 갖게 된 거지? 네가 몰래 빼냈어?"

도모보이는 고개를 저었어.

"아냐. 이 지도는 키키모라가 바바야가 몰래 가져온 거야."

난 고개를 갸웃거렸지.

"키키모라? 그건 또 누구야?"

"키키모라는 내가 살던 집에 함께 있던 정령이야. 아이들을 돌보는 정령이라 그 집 아이들을 정말 사랑했거든. 그래서 아이들을 먹어 버린 바바야가에 대한 분노가 대단하지. '붐붐지제지제' 하고 우는데, 울음으로 위험을 알려 준단다. 그 울음소리가 들리면 위험하다는 거니까 조심

러시아의 정령과 요괴 이야기

가정의 정령 키키모라

러시아 가정의 여자 정령으로, 세례 받지 않은 아이들의 정령으로 불려요. 집안이 잘 유지되면 닭과 집안일을 돌보고, 집안이 잘 유지되지 않을 경우엔 밤에 아이들을 간지럽히거나 아이들 곁에서 우는 소리를 내요. 모습을 다양하게 바꾸며 나타나는 키키모라는 보통 난로 뒤나 지하실에 살지만, 늪이나 숲에서도 발견된다고 해요.

해야 해."

"아하! 그 소리, 러시아에 도착하기 전 배에서 들었어."

소리의 정체를 알고 나니 불길하게 들리던 그 소리가 어쩐지 정겹게 느껴지더라고. 키키모라와 도모보이가 나를 도와주고 있다고 생각하니까 힘도 팍팍 나고 말이야. 난 두 주먹을 불끈 쥐며 지도를 펼쳤지.

"꼭 코셰이와 라즈보이닉이 숨은 곳을 알아낼 거야!"

그건 커다란 러시아 지도였어. 지도 아래엔 퀴즈 문제도 두 개 적혀 있었지.

지도를 보자마자 난 알아챘지.

"아하! 퀴즈의 정답인 두 곳에 코셰이와 라즈보이닉을 숨겨 둔 거야. 그렇지, 도모보이?"

퀴즈 01

세계에서 가장 오래되고 가장 깊은 호수. 이 호수는 '성스러운 바다', '세계의 민물 창고', '시베리아의 푸른 눈', '시베리아의 진주' 등으로 불리기도 함.

퀴즈 02

러시아 북부에 있는 지대로 코미 족이 강한 추위에 맞서며 살고 있음. 이 지역의 기후는 가장 더운 달의 평균 기온이 0℃에서 10℃ 사이일 정도로 추움. 주로 북극 근처에 위치하는 동토 지역임.

하지만 도모보이는 말없이 먼 곳만 보더라고. 내 힘으로 풀어 내라는 뜻인가 봐.

뭐, 이 정도는 얼마든지 풀 수 있어. 얼마 전에 러시아에 대한 책을

봤거든. 비록 만화책이었지만 말이야. 히히! 그때 본 러시아 지도에 있던 말풍선 설명을 떠올리니 정답이 훤히 보이더라고.

"퀴즈 1번의 정답은 바이칼호! 2번 정답은 툰드라 지역! 그러니까 바이칼호 주변과 여기 툰드라 지역에 놈들이 숨었을 거야."

순간 도모보이가 날 보며 환하게 웃었지.

"오호! 제법인걸. 좋아, 도와줄게. 우선 바이칼호 주변부터 가 보자."

도모보이는 앞장을 섰어.

그런데 그 먼 곳까지 어떻게 가지? 당장 사고를 구해야 하는데 말이야. 걱정하는 마음을 아는 듯 도모보이는 내 어깨를 어루만져 주었어.

"그런 걱정은 하지 마. 다 방법이 있으니까."

도모보이가 허공을 향해 손짓을 하자 놀라운 일이 벌어졌어.

하늘에서 배가 나타난 거야.

"마법의 힘으로 날아다니는 배야. 이걸 타고 가면 금세 갈 수 있어."

"정말?"

도모보이와 난 냉큼 배에 올라탔어. 그러자 배는 빛의 속도로 슝슝 날아갔지.

히야! 배를 타고 하늘을 날다니! 정말 마법 같은 일이지 뭐야. 게다가 공중에서 내려다보는 전경은 또 어떻고?

끼야! 저기 시베리아 횡단 열차가 달리고 있어.

우아! 저건 사진으로만 보던 성 니콜라우스 예배당!

난 아래 보이는 러시아의 아름다운 풍경에 취해 탄성을 질러 댔어.

하지만 문득 사고 생각이 나더라고.

'아차! 이럴 때가 아니잖아. 사고가 위험하단 말이야.'

난 정신을 바싹 차리며 소리쳤어.

"어서 가자! 마법의 배야!"

도모보이도 마음이 급한 듯 말했지.

"틀림없이 바이칼호 주변에 코셰이가 숨어 있을 거야. 어쩐지 그런 느낌이 들어."

정령의 느낌이라면 정확하지 않을까?

마침내 바이칼호에 도착했어.

도모보이는 조심스럽게 속삭였지.

"조심해야 해. 바이칼호 주변 어디에 놈이 숨어 있을 거야. 게다가 바바야가가 다른 요괴들도 깨웠다고 했잖아. 놈을 지키려는 다른 요괴들도 바글거릴 거야."

도모보이의 말을 들으니까 긴장이 됐어. 입술이 바싹 마르며 마른침이 꼴깍 넘어갔어.

루살카의 수수께끼

도모보이와 난 일단 흩어져서 찾아보기로 했어.

"뭉치야, 조심해. 녀석은 요괴란 말이야."

"걱정 마. 이래 봬도 수없이 요괴들을 상대해 본 경력자니까. 흠흠!"

난 큰소리를 떵떵 치고서 도모보이와 헤어졌지. 그리고 열심히 호수를 살폈어.

"사고야! 사고야!"

그런데 사고의 대답 소리는 안 들리고 난데없이 이상한 노랫소리가 들리지 뭐야. 아주 곱고 아름다운 여인의 목소리였어.

얼마나 아름다운 목소리인지 나도 모르게 노랫소리를 따라 발길을 옮기게 되더라고. 한참을 가다 보니 목소리의 주인공이 나타났지.

"어? 저 여자는 누구지?"

머리가 긴 여인이 호수 속에서 노래를 부르고 있었거든. 목소리만큼이나 아름다운 여인이었어.

여인에게 홀린 걸까? 나도 모르게 호수 속으로 발을 첨벙 들여놓았어.

바로 그때였어. 푸른 호수의 물이 솟구쳐 올랐어. 물살은 그대로 나를 덮쳤고, 난 거대한 물방울 속에 갇혀 버렸어.

그제야 깨달았지. 여인도 요괴란 걸 말이야.

"으아악! 살려 줘!"

내 비명에 여인이 깔깔깔 웃음을 날렸어. 조금 전까지의 아름다운 목소리는 싹 사라지고 온몸이 얼어붙을 것 같은 스산한 웃음소리만 들렸지.

루살카

강이나 샘에 사는 물의 정령이에요. 소녀가 강에 빠져 죽으면 이 정령이 된다고 해요.

머리카락이 길고 아름다운 모습인데, 강변을 걸어가는 남자가 있으면 자기의 매력으로 유혹해서 강 속으로 끌고 가 버려요. 인간에게 수수께끼를 내는 걸 좋아하고, 수수께끼를 푸는 인간은 놓아준답니다.

완전하게 인간의 모습인 경우도 있지만 하반신이 물고기인 인어로 자주 나타나요. 루살카가 왕자에게 반해 인간이 되게 해 달라고 바바야가에게 부탁하여 바바야가가 준 약을 먹지만, 말을 못해 결혼까지 이어지지 못한다는 이야기가 전해지기도 해요. 동화 『인어공주』가 떠오르지 않나요?

"네가 특별한 능력을 가진 아이 중 하나군. 그렇다면 코셰이에게 데려다줘야겠어."

그 순간 반가운 목소리가 들려왔어.

"멈춰! 루살카!"

도모보이였어. 루살카가 돌아보자 도모보이가 소리쳤어.

"루살카! 수수께끼 놀이는 하고 가야지."

도모보이의 말을 듣자 문득 만화책에서 보았던 내용이 떠오르더라고. 루살카라는 정령을 소개하는 내용이었는데, 루살카에게서 벗어나려면 그녀가 내는 수수께끼를 맞혀야만 한다는 거였어.

수수께끼라는 말에 루살카는 두 눈을 반짝 빛냈어.

"아차! 수수께끼!"

루살카는 나를 빤히 보며 말했어.

"얘야, 내 수수께끼를 풀어 보렴. 만약 정답을 맞히면 널 놓아줄게."

이럴 때 사고가 옆에 있다면 얼마나 좋을까. 책을 많이 읽는 똑똑한 사고는 수수께끼의 여왕이거든.

"아이, 어떡하지?"

내가 난처한 표정을 짓든 말든 루살카는 바로 수수께끼를 내 버렸어. 루살카는 수수께끼도 노래 부르듯이 내더라고.

"강 강 무슨 강? 다른 강을 찾아라? 콜콜 콜리마강! 레레 레나강!

오오 오비강! 볼볼 볼가강! 양양양 양쯔강! 다섯 강 중에 다른 강은 어느 강일까?"

모두 낯선 강 이름이야. 게다가 이상한 노래에 정신이 하나도 없지 뭐야. 귓가로 콜콜, 레레, 오오, 볼볼, 양양양 하는 소리만 울리는 거야.

"이게 도대체 무슨 소리지?"

내가 정신없이 해롱거리자 도모보이가 고함쳤어.

"뭉치야, 정답은 문제 속에 있어."

뭐? 문제 속에 답이 있다고? 그래! 이건 수수께끼잖아.

'콜콜 콜리마강! 레레 레나강! 오오 오비강! 볼볼 볼가강! 양양양 양쯔강! 어? 앞의 네 강은 '콜콜, 레레, 오오, 볼볼'이라고 두 번씩만 반복했어. 근데 마지막 강은 '양양양'이라고 세 번 외쳤지? 아하!'

난 큰 소리로 외쳤어.

“정답은 양쯔강! 강 이름 말할 때 앞 글자를 세 번 반복했으니까 앞의 강들과 다른 거잖아.”

순간 도모보이가 박수를 탁 치며 웃었어.

“딩동댕! 정답이야. 모두 러시아 강인데, 양쯔강만 중국의 강이거든.”

그때였어.

“으, 내 수수께끼를 맞히다니! 분하다!”

루살카가 부르르 몸을 떨어 댔어. 그러자 나를 감쌌던 물방울이 터졌고, 난 호수 밖으로 튕겨 나올 수 있었지.

하지만 금세 또 다른 위기가 닥쳐왔어.

“크아아앙!”

돌풍과 함께 코셰이가 나타난 거야. 역시! 예상대로 코셰이는 이곳에 숨어 있었던 거지.

그런데 코셰이 곁엔 사고가 없었어.

“코셰이, 내 동생은 어딨어? 어서 돌려줘.”

“네 동생은 이미 라즈보이닉에게 줘 버렸는걸. 라즈보이닉은 날 기다리고 있지. 이제 너만 잡아서 데려가면 우린 너희 둘을 조각조각 찢어 먹을 수 있지. 그럼 힘을 모두 회복할 수 있거든. 낄낄낄!”

코셰이가 다시 돌풍을 일으키자 물살은 어마어마하게 커졌어. 거대해진 물살과 돌풍 위로 올라탄 코셰이!

"돌풍아! 물살아! 녀석을 덮쳐라!"

으아악! 물살과 돌풍이 마구 몰려왔어. 도모보이와 난 정신없이 도망칠 수밖에 없었어.

도모보이가 난데없이 주머니를 건네준 건 바로 그때야.

"봉인 주머니야. 예부터 요괴를 가두는 데 쓰는 주머니지. 봉인 주머니 만드는 방법을 알아내서 키키모라가 400년이나 짜서 만들었어. 백년에 하나씩 짤 수 있기 때문에 네 개야. 이 속에 요괴들을 잡아 가둬야 해. 너희처럼 특별한 힘을 가진 아이들만 사용할 수 있어. 이때다 싶을 때, 이걸 놈을 향해 들고서 주문을 외우면 돼."

도모보이는 다급히 주문도 알려 주었어.

주저할 틈이 없었어. 이대로 도망만 치다간 코셰이의 먹잇감이 돼 버리는 건 시간 문제니까 말이야.

난 봉인 주머니 하나를 들고서 큰 소리로 주문을 외웠어.

"뿌쉬낀 까르방 봉두 봉인! 뿌쉬낀 까르방 봉두 봉인!"

그 순간 눈앞에서 또다시 놀라운 일이 벌어졌어. 코쉐이가 비명을 지르며 봉인 주머니로 쑥 빨려 들어온 거야. 도모보이는 냉큼 주머니의 줄을 당겨 입구를 막아 버렸지.

난 다급히 주머니 하나를 더 들고서 루살카와 함께 몰려오는 물살을 향해 소리쳤어.

"뿌쉬낀 까르방 봉두 봉인! 뿌쉬낀 까르방 봉두 봉인!"

루살카도 주머니 속으로 쑥 빨려들었어.

"이제 툰드라 지역으로 고고! 어서 사고를 구해야 해."

이번에 도모보이가 손짓으로 불러온 건 마법의 양탄자였어. 하늘을 나는 신기한 양탄자였지. 양탄자 위에서 도모보이는 바바야가에 대한 이야기를 들려주었어.

“바실리사라는 소녀에 대한 이야기를 해 줄게. 바바야가가 어떤 요괴인지를 아는 데 도움이 될 거야.”

러시아 한눈에 알아보기

러시아는 세계에서 가장 큰 나라

러시아는 세계에서 가장 큰 나라로 일부 지역은 유럽 대륙에 속하고, 나머지는 북아시아에 속하지요.

러시아의 영토는 예니세이강을 경계로 크게 동부와 서부로 나뉘는데 극동 지역, 동(東) 시베리아, 서(西) 시베리아, 유럽 지역으로 구분할 수 있어요. 동부와 남부는 산악 지대가 대부분이고, 서부는 평야와 저지대가 넓게 펼쳐져 있어요.

러시아의 기후

러시아는 기온 편차가 심한 대륙성 기후 지역이에요. 그래서 추운 겨울철이 길게 이어지고 여름철은 짧지요. 러시아 대부분의 지역은 주로 추운 한랭 기후에 속하지만, 남부 흑해 연안에는 온난한 지역도 있어요.

땅이 넓다 보니 툰드라, 타이가, 혼합림 지대, 스텝, 반사막 지대 등 아주 다양한 기후 지역들을 가지고 있어요.

해가 지지 않는 백야 축제

러시아 북유럽 지역에선 백야 현상이 나타나요. 백야는 해가 지지 않아 밤이 어두워지지 않는 현상이에요. 지구의 자전축이 23.5도 기울어져 있기 때문에 나타나는 현상으로 북극이나 남극 지방은 여름이면 태양 쪽으로 기울고 겨울이면 태양의 반대쪽으로 기울기 때문에 계속 낮이 이어지거나 밤이 이어지는 날이 생기는 거랍니다.

백야 기간에 러시아에선 축제도 열려요. 상트페테르부르크에서 열리는 백야 축제가 가장 유명해요.

세계 최대의 담수 호수, 바이칼호

바이칼 호수는 시베리아 남서쪽에 있으며 면적이 3,150,000㏊에 이르는 세계에서 가장 오래되고(2,500만 년), 가장 깊은(1,700m) 호수예요. 지구상에 있는 얼지 않는 민물의 20%를 담고 있지요. 바이칼 호수는 진화론적으로 대단히 가치 있는 동식물 고유종을 갖고 있어서 유네스코 세계 자연유산으로 지정되었답니다.

바실리사와 바바야가 이야기

얼마 뒤 아버지는 재혼을 해서 바실리사에겐 새엄마가 생겼어. 두 언니도 생겼고. 그런데 새엄마와 두 언니는 아름다운 바실리사를 질투해서 늘 괴롭혔어.
집 안 청소와 물 긷기 등 힘든 일은 모두 바실리사에게 시킨 거야.
빨리빨리 하지 못해!
하루는 바실리사가 청소를 하다가 지쳐서 쉬고 있을 때였어.
어휴, 힘들어.
파라라락
착 착
북적 북적
반짝 반짝
싹 싹
슥 슥
어머, 인형이 청소를 하다니!

인형아, 네 덕분에
난 힘들지 않아.
정말 고마워.
어느덧 바실리사는 훌쩍 자라서 아가씨가 되었어.
마을의 청년들은 모두 바실리사와 결혼을 하고 싶어 했어.
저와
결혼해 주세요!
저랑
결혼해 줘요!
바실리사를 숲속에 사는
마녀에게
보내 버려야겠다.
사람을
잡아먹는 마녀에게
줘 버려요!
나는
무조건 찬성!
아버지가 먼 곳으로 장사를 떠난 날이었어.

집 안의 불이 모두 꺼졌어.
바실리사,
숲속에 사는 바바야가라는
마녀에게 가서
불을 얻어 오너라.
바실리사는 너무 무서웠지만, 어쩔 수 없이
나무 인형을 가슴에 꼭 품고서 숲속으로 들어갔지.
바바야가의 오두막은 기괴했어. 울타리 기둥은 사람 뼈인데 그 기둥 위에 해골들이 하나씩 걸려 있지 뭐야.
오두막 문에는 날카로운 이빨이 가득한 해골 머리가 걸려 있고 말이야.
푸드드득..
아악
꺄악
까악
슈웅 -
킁킁. 이건
사람 냄새잖아.

불을 얻으러 왔어요. 제발 저에게 불을 주세요.
내가 시키는 일을 다 해내면 불을 주지.
대신 일을 못 해내면 널 잡아먹어 버릴 거야!
아, 알겠어요.
내가 나갔다 올 동안 집 안을 깨끗이 청소하고, 맛있는 음식을 가득 만들어 놓고, 빨래를 깨끗하게 해 둬. 그런 다음에 창고에 가서 나쁜 낟알만 골라 빵을 만들어라.
어떻게 혼자서 이걸 다 해?
어?

반짝
반짝
척척
척척
보글보글
슝
삭
삭
스윽
벌컥
시킨 일은
다 했겠지?
제법이군.
내일은 오늘처럼 똑같이 하고 나서
곡식을 한 알 한 알 깨끗이
닦아 놓아라.
다음 날, 이번에도 인형과 함께 일을 다 해 놓은 바실리사.

어떻게 이럴 수가 있지?
에잇! 꼴도 보기 싫다.
내 집에서 썩 나가라!
이건 네 언니들을
위한 선물이다.
화륵
바실리사는 해골을 들고서 집으로 돌아왔지.
화르르르

그 뒤로 바실리사는 마을의 한 할머니와 살게 되었어.
그때부터 바실리사는 옷감을 짜게 되었지.
바실리사가 짠 옷감은 얼마나 쫀쫀하고 튼튼한지 바늘조차 들어가지 않을 정도였어.
어느 날, 할머니는 바실리사가 짠 옷감을 임금님께 바쳤어.
이 옷감으로 내 옷을 만들어 다오.
새 옷을 입은 임금님은 감탄해서 말했지.
오호, 이렇게 훌륭한 옷을 짠 사람을 꼭 만나 보고 싶구나.
바실리사를 본 임금님은 한눈에 반하고 말았어. 두 사람은 성대한 결혼식을 올리고 행복하게 살았어.

3장

툰드라의 괴물과 회색 늑대

툰드라에서 만난 초록 괴물

바실리사와 바바야가 이야기를 듣다 보니 어느새 툰드라 지역에 도착했어.

툰드라 지역은 정말 춥더라고. 쌩쌩! 광활한 벌판에서 불어오는 차가운 바람! 이가 딱딱 떨릴 정도였어.

"으으, 추워! 근데 여기서 라즈보이닉을 어떻게 찾지?"

걱정스레 중얼거리는데, 문득 익숙한 울음소리가 들려왔어.

"붐붐지제지제, 붐붐지제지제!"

앗! 키키모라의 울음소리야.

도모보이가 긴장하며 소리쳤어.

"여기 어딘가에 요괴가 있나 봐. 키키모라가 울음으로 위험을 알리고 있어."

그때였어.

비틀비틀, 저 멀리서 뭔가가 비틀거리며 다가오는 거야. 고릴라 같기도 하고, 원숭이 같기도 한 저건 도대체 뭘까? 정체를 알 수 없는 그것은 연신 중얼거리고 있었어.

"배고파! 배고파!"

정체가 뭐든 배가 고프다고 하니까 가여운 생각이 들더라고.

난 애처로운 눈길로 말했지.

"도모보이, 먹을 게 좀 없을까? 너무 가여워 보여."

도모보이가 화들짝 놀라며 소리친 건 그때야.

"앗! 라즈보이닉! 초록 괴물이야!"

말도 안 돼. 저렇게 비틀거리며 걷는 게 괴물이라고?

그런데 도모보이의 말이 맞았지 뭐야. 초록색 괴물이 '크아앙!' 고함을 지르는데, 그 소리가 어찌나 큰지 땅이 우르르 울릴 정도였어. 원숭이만 하던 괴물은 점점 덩치도 커졌어. 쑥쑥 커지며 거대해진 괴물은 조금 전 배고픈 모습과는 전혀 달랐어. 초록색의 무시무시한 요괴로 변해 버린 거야.

"크하하앙! 너만 잡으면 돼. 바람으로 얼려 버릴 테다. 그럼 너희를 먹고 힘을 가질 수 있어."

초록 괴물 라즈보이닉은 커다란 입을 쩍 벌리고 '뿌아앙 뿌아앙' 바람을 뿜어 내기 시작했지.

차가운 얼음 바람이었어. 나는 너무 놀라 온몸을 바싹 움츠렸지.

그런데 큰 소리와 험악한 표정과는 달리 얼음 바람의 힘은 의외로 약한 거야.

"에계계! 이게 뭐야?"

난 바람 빠진 풍선처럼 맥없는 표정을 지었지. 당황한 건 초록 괴물도 마찬가지였어.

"크아아앙! 내 바람이 왜 이 모양이지?"

지켜보던 도모보이는 재빠르게 내게로 다가와 다급히 말했지.

"뭉치야! 지금이 기회야. 초록 괴물의 힘이 아직은 약한 거야. 어서 봉인 주머니에 가두자. 주문을 외워."

"알겠어."

난 냉큼 봉인 주머니를 열었어. 지금 기회를 놓친다면 초록 괴물을 당해 낼 수 없을지도 몰라. 난 바로 주문을 외우려 했지.

그런데 그 순간 초록 괴물이 야비하게 웃어 댔어.

"날 봉인하겠다고? 낄낄낄! 그럼 다시는 네 동생을 볼 수 없을걸. 네 동생이 있는 곳을 알아낼 수 없을 테니까 말이야. 그래도 좋아?"

난 주문을 멈추며 초록 괴물을 향해 소리쳤어.

"네 동생 사고는 어디에 있어? 어서 말해!"

초록 괴물은 능글능글 웃어 댔어.

"낄낄낄! 사고를 숨긴 곳을 알려 주지. 여기에 적혔으니까 알아내 봐."

초록 괴물은 뭔가를 툭 던졌어. 그건 꼬깃꼬깃 접힌 종이쪽지였어.

도모보이는 황급히 쪽지를 집어 들었지.

그 사이 초록 괴물은 휘리릭 도망을 쳐 버렸지만 어쩔 수가 없었어. 사고를 찾는 게 먼저니까.

쪽지를 펼치자 의외의 글이 나타났어.

불새가 있는 곳

난 어처구니가 없었어.

"뭐야? 또 수수께끼인 거야?"

도모보이도 몹시 당황하며 말했어.

"불새도 깨어났나 보군."

불새라고? 불새는 또 뭐지?

"불새는 신비한 새야."

"그 불새란 건 어딨는데? 불새가 있는 곳에 사고도 있나 봐."

"지금은 불새가 어디 있는지 아무도 몰라."

"뭐? 그럼 어떡해?"

곰곰이 생각하던 도모보이가 중얼거렸어.

"혹시 세상을 훨훨 날아다니고 있는 키키모라는 알지도 몰라. 키키모라! 도와줘!"

그때였어. 난데없이 긴 머리칼이 치렁치렁한 여인이 나타났어. 이 여인이 키키모라라고?

이상했어. 분명 비행기에서 만난 키키모라는 새처럼 보였는데, 이번엔 여인이라니! 그런데 자세히 보니 얼굴이 새처럼 보이긴 했지.

키키모라가 말했어.

"나도 모르지만 아는 이가 있긴 하지. 회색 늑대라면 알고 있을 거야. 옛날부터 불새가 사는 곳은 회색 늑대가 알려 줬거든."

회색 늑대라고? 아휴! 그건 또 뭐야? 머리가 빙빙 도는 것 같아. 너무 복잡해. 으으!

회색 늑대가 알려 준 장소

“회색 늑대는 마침 가까운 곳에 있어. 나만 따라와.”

키키모라는 앞장을 섰어. 그러더니 다시 새로 변신해서는 하늘 위로 훨훨 날아갔어.

“와! 새가 됐다가, 사람이 됐다가! 대단해!”

난 탄성을 지르며 키키모라의 뒤를 따라 도모보이와 함께 달려갔지. 그런데 키키모라를 따라잡기에는 역부족이었어.

“헉! 헉! 키키모라를 놓치겠어.”

내가 헉헉거리자 도모보이는 걸음을 멈추었지.

“얼음 위를 달릴 땐 순록을 이용하면 빠르게 이동할 수 있지.”

도모보이는 또다시 허공을 향해 손짓을 했어. 그러자 하늘에서 순록이 날아왔어.

“정령들을 싣고 나르는 마법의 순록이야. 뭉치야, 어서 타!”

나는 도모보이와 함께 순록에 올라탄 채 키키모라를 뒤쫓아 갔어.

한참 가다 보니 저만치 앞에 키키모라가 멈춘 게 보였어. 그 옆에 늑대 한 마리도 보였지.

"회색 늑대구나."

회색 늑대는 회색 털이 반짝이는 신비한 늑대였어.

순록에서 내린 난 회색 늑대에게 물었어.

"불새는 어딨어?"

회색 늑대는 불통하게 말했어.

"그걸 왜 내가 알려 주어야 하지? 난 이제 인간들의 일에 끼어들고 싶지 않아."

러시아의 정령과 요괴 이야기

바보 이반과 회색 늑대

러시아 민담 '바보 이반' 이야기에 나오는 늑대예요.

회색 늑대는 이야기 속에서 주인공을 도와주는 조력자와 같은 역할을 해요. 그런데 러시아 민담 속의 조력자는 독특한 성격을 가지고 있어요. 조력자지만 주인공을 곤경에 빠지게 하거나 주인공에게 위협을 가하기도 하거든요. 그래서 적인지 조력자인지 헛갈리게 해요. 하지만 주인공이 곤경을 잘 헤쳐 나오면 그 뒤로 주인공에게 결정적인 도움을 준답니다.

이반의 이야기에서도 이반 왕자가 사고를 치면 그 해결은 늘 회색 늑대가 해 줘요.

난 마음이 급했어.

"내 동생을 찾아야 해. 불새가 있는 곳에 잡혀 있대."

회색 늑대는 시큰둥한 표정으로 외면했어.

"그건 나랑 상관없는 일이잖아. 귀찮아."

"상관있거든? 사고를 못 찾으면 난 사고와 함께 요괴들의 먹이가 돼 버릴 거야. 그럼 바바야가의 요괴 세상이 돼 버린다고. 여기 툰드라 숲도 요괴 천지가 돼 버릴걸? 그럼 너도 무사하진 못해."

순간 회색 늑대의 낯빛이 어두워졌어. 내 말에 충격을 받았나 봐.

도모보이도 말을 보탰어.

"뭉치 말이 맞아. 회색 늑대야, 어서 불새가 있는 장소를 알려 줘."

잠시 고민을 하던 늑대는 고개를 끄덕였어.

"좋아! 알려 줄게. 하지만 모든 것엔 네 의지와 노력이 필요해. 그러니까 장소도 네가 알아내야 해. 난 힌트만 줄 수 있어. 그리고 꼭 명심해야 할 게 있어. 아마도 네 동생이 불새가 갇혀 있는 새장에 함께 갇혔나 본데, 동생을 구해 낼 때 절대 새장이 흔들리게 해서는 안 돼. 그럼 큰일이 벌어져."

"알았어. 걱정 마. 어서 그 장소나 알려 줘."

"그 장소는 러시아 하면 떠오르는 곳 중 하나야! 크렘린과 더불어 러시아의 상징으로 손꼽히는 곳이지. 러시아어로는 '크라스나야 플로시차

지'. 옛날 러시아 어인 '크라스나야'에는 '붉다'는 뜻도 있지만, '아름답다'는 뜻도 있어서 아름다운 광장이란 의미가 돼. 그곳으로 가면 불새가 있을 거야."

회색 늑대는 도모보이에게도 말했어.

"도모보이, 네게도 장소를 알려 줄게. 9의 세 배 되는 먼 땅에 있고, 10의 세 개 되는 먼 나라 불의 강 너머에 불새가 있어."

난 어리둥절했지. 회색 늑대가 내게 알려 준 것과 도모보이에게 말한 게 다르잖아. 게다가 도모보이에게 한 말은 알아들을 수도 없더라고.

"왜 다르게 알려 주는 거야? 같은 장소를 알려 줘야 하잖아."

그러자 키키모라가 설명했어.

"도모보이에겐 요괴와 정령들의 기호로 장소를 알려 준 거야. 네겐 인간의 언어로 알려 준 거고."

"왜 그렇게 알려 준 거야?"

"인간의 언어로 알려 준 그 장소가 요괴들의 기운이 커져서 이미 요괴 세상이 되었단 뜻이지."

"그게 무슨 소리야?"

"가 보면 알 거야. 어서 그 장소나 알아맞혀 봐. 그래야만 우리가 널 도와줄 수 있어."

아, 이번 문제도 러시아에 대한 거니까 러시아에 대해 알려 주던 그

만화책을 떠올려야 해. 난 책장을 넘기듯 그 내용을 떠올렸어.

"러시아 하면 떠오른다고? 난 톨스토이가 가장 먼저 떠오르는걸."

"사람이 아니라 장소."

"아! 그렇지. 크렘린과 더불어 러시아의 상징이라고? 그거 무슨 광장인데? 뭐더라?"

도모보이도 안타까운 듯 오만상을 쓰며 애를 썼어.

"뭉치야, 힌트! 힌트를 생각해 봐. 거기에 답이 있어."

"힌트? '붉다는 뜻이 있지만'이라고 했는데? 아하!"

그제야 만화책 속의 광장이 떠올랐어.

"붉은 광장!"

"딩동댕! 맞았어! 이젠 우리가 널 도와줄 수 있어."

도모보이가 소리치며 앞장을 섰어.

"붉은 광장은 모스크바에 있어. 어서 모스크바로 가자."

그런데 키키모라는 걱정스런 표정으로 중얼거렸어.

"요괴 세상이 된 모스크바는 어떤 모습일까?"

러시아 한눈에 알아보기

발레 음악을 만든 차이콥스키

표트르 일리치 차이콥스키 (1840~1893)

러시아의 작곡가예요. 러시아 음악을 세계적으로 알리고, 발레 음악을 세계적인 수준으로 끌어올렸어요. '발레곡의 대가'로 불리는데, 〈백조의 호수〉, 〈잠자는 숲속의 미녀〉, 〈호두까기 인형〉은 그의 3대 발레 음악 작품으로 꼽혀요.

사랑받는 시인, 푸시킨

알렉산드르 세르게예비치 푸시킨 (1799~1837)

러시아인들이 가장 사랑하는 시인이자 소설가예요. 그의 작품 가운데 '삶이 그대를 속일지라도'라는 시는 우리나라 사람들에게도 큰 사랑을 받았어요.

삶이 그대를 속일지라도 슬퍼하거나 노여워하지 말라

슬픔의 날 참고 견디면 기쁨의 날이 오리니

마음은 미래에 살고 현재는 늘 슬픈 것

모든 것은 순간에 지나가고 지나간 것은 다시 그리워지나니

(이하 생략)

대표적인 소설가, 도스토옙스키

19세기 러시아 문학을 대표하는 작가예요. 인간의 복잡한 내면 심리를 잘 그려 냈다는 평가를 받고 있어요. 정치적인 변혁기 속에서 옛 질서가 무너지는 러시아의 시대적 모순을 작품 속에 그려 내며 20세기의 사상과 문학에 깊은 영향을 끼쳤어요. 『지하 생활자의 수기』(1864), 『죄와 벌』(1866), 『백치』(1868), 『악령』(1871~1872), 『카라마조프가의 형제들』(1879~1880) 등의 작품을 썼어요.

초대 국가 지도자, 레닌

러시아 혁명가로 '11월 혁명'을 이끌어 최초로 사회주의 국가를 만들었어요. 11월 혁명은 1917년 11월 러시아에서 일어난 민중 중심의 혁명이에요. 레닌은 수도를 모스크바로 옮기고, 소련(소비에트 사회주의 공화국 연방)을 수립하며 초대 국가 지도자가 되었어요. 레닌은 황제 시대를 끝내고 사회주의 혁명을 이끈 지도자이자 혁명가로 평가를 받으며 러시아인들의 존경을 받고 있어요.

블라디미르 일리치 울리야노프 레닌 (1870~1924)

발레리나, 파블로바

파블로바는 세계 발레 역사상 가장 위대한 발레리나 중 한 명으로 꼽혀요. 그녀는 러시아 황실 발레단과 발레 뤼스 발레단의 여제로서 전 세계를 돌며 평생 발레의 대중화에 힘썼어요. 그녀의 춤은 유럽과 북미 무용 발전에 엄청난 영향을 끼치며 오늘날까지 아름답고 영향력 있는 발레리나로 평가받고 있지요.

안나 파블로브나 파블로바 (1881~1931)

4장

불새를 찾아서

붉은 광장에서

우리가 모스크바로 왔을 때 주위는 온통 어둠에 덮여 있었어. 어느 새 밤이 돼 버린 거야. 붉은 광장도 어둠에 싸여 있었지. 그 때문인지 한치 앞도 보이질 않더라고.

그런데 자세히 보니 그건 어둠 때문이 아니었어. 주위가 온통 검은 안개에 싸여 있는 거야. 게다가 스산한 분위기에 몸이 절로 오싹오싹 떨리더라고.

난 부르르 몸을 떨며 중얼거렸어.

"정말 이상해. 낮에 본 모스크바랑 너무 달라. 여기가 왜 이렇게 변한 거지?"

"요괴 세상으로 변해서 그래. 도모보이, 회색 늑대가 알려 준 장소를 찾아봐."

키키모라의 말에 도모보이는 온몸의 털을 바싹 세웠어. 마치 온몸의 감각을 다 깨우는 것처럼 말이야.

놀란 눈으로 쳐다보는 내게 키키모라가 설명해 주었어.

“도모보이는 지금 위치를 찾는 거야. 저렇게 털을 세워서 감각 기능을 최대치로 올리는 거라고.”

한참 털을 세우던 도모보이가 말했어.

“회색 늑대가 9의 세 배 되는 먼 땅에 있고, 10의 세 개 되는 먼 나라랬어. 그렇다면?”

어둠 속을 휘저으며 거리를 재 보던 도모보이는 한 방향을 향해 소리쳤지.

“바로 저기야. 크렘린 궁전이 있던 장소!”

도모보이가 가리킨 곳은 분명 크렘린 궁전이 있던 장소야. 하지만 지금

러시아의 문화유산 이야기

붉은 광장

크렘린 궁전과 더불어 러시아의 상징으로 꼽혀요. 사계절 언제 찾아도 아름다운 곳으로, 특히 야경이 유명해요. 주변엔 크렘린 궁전, 국립 역사 박물관, 조국 전쟁 박물관도 함께 있기 때문에 관광지로도 유명해요.

은 크렘린 궁전이 보이지 않고 시커먼 연기만 뭉게뭉게 올라오고 있어.

도모보이가 말했어.

"놀라지 마. 요괴의 시간이 돼 버려서 그래. 크렘린 궁전도 요괴들의 안개에 가려져 버린 거야."

키키모라도 걱정스레 말했지.

"큰일이야. 이건 바바야가의 힘이 그만큼 커졌단 거야. 바바야가가 힘을 많이 되찾았나 봐. 바바야가가 힘을 모두 회복하면 큰일이 벌어져. 바바야가가 모습을 드러내기 전에 어서 사고를 구하고 요괴들을 봉인 주머니에 넣어야 해."

그때였어. 뭉게뭉게 올라오는 검은 연기 뒤로 시뻘건 불이 활활 타오

르기 시작했어. 눈앞으로 거대한 불이 마치 강처럼 흐르기 시작했어.

"저, 저게 뭐야?"

"불의 강이야. 이제 알겠어. 회색 늑대가 한 말의 의미를. '9의 세 배 되는 먼 땅에 있고, 10의 세 개 되는 먼 나라의 불의 강 너머에 불새가 있다'라고 했잖아. 저 불의 강을 건너야만 불새를 찾을 수 있다는 뜻이었어."

도모보이의 말에 난 당황하고 말았지.

"저 불의 강을 건너야 한다고? 어떻게?"

그 불은 너무 거대해서 곁에만 가도 새까맣게 타 버릴 거야. 대체 그런 곳을 어떻게 건너간다는 거지?

도모보이가 손수건 한 장을 꺼낸 건 그때였어.

"사실은 헤어질 때 회색 늑대가 이걸 내게 줬어. 불의 강을 건너려면 필요할 거라면서 말이야. 새장을 열 때도 이게 필요하댔어. 불의 강을 건널 때 이 손수건을 오른쪽으로 세 번 흔들면 높은 다리가 나타나서 불길이 닿지 않게 된대. 근데 그 다리는 손수건을 흔든 자만이 건널 수 있댔어. 누가 흔들까?"

나는 손을 번쩍 들었지.

"당연히 내가 흔들어야지. 사고는 내 동생이잖아. 내가 구해야 해."

"좋아. 그럼 네가 해 봐."

도모보이가 손수건을 내게 건네주었어.

난 받아 든 손수건을 들고서 오른쪽으로 세 번 크게 흔들었지.

그러자 정말 놀라운 일이 벌어졌어. 엄청나게 높은 다리가 쑥쑥쑥 생겨난 거야.

"와!"

탄성을 지르던 난 또 한 번 놀라고 말았어.

손에 있던 손수건이 스르륵 작아지기 시작하더니 조그만 열쇠로 변하지 뭐야. 황금색의 열쇠로 말이야. 난 열쇠를 보자마자 알아챘어.

"알았다! 이건 새장을 여는 열쇠야."

이상한 숲

난 곧장 다리 위로 올라갔어.

이제부터는 정말 나 혼자의 시간인 거야. 다리가 얼마나 높은지, 올라가는 것만도 한참이나 걸렸어.

도모보이와 키키모라가 소리쳤어.

"뭉치야, 꼭 사고를 구해서 돌아와야 해."

난 두 주먹을 불끈 쥐었어.

"나만 믿어!"

자신만만한 표정으로 난 다리 위를 성큼성큼 걸어갔지.

그런데 막상 다리 위로 올라서니까 다리 주변으로 솟구치는 시뻘건 불길에 몸이 오싹오싹 떨리더라고. 그래도 난 사고를 생각하며 마음을 다잡았어.

"사고야, 기다려! 이 오빠가 꼭 구해 줄게."

다리는 정말 신기했어. 시뻘건 불길 가운데를 가르며 가는데도 전혀

뜨겁지 않더라고.

하지만 불길은 너무 위협적이라서 난 빨리 이곳을 벗어나고 싶었어. 그래서 땀을 뻘뻘 흘리며 달려 나갔지.

저만치 다리 끝이 보이기 시작했어.

"불새는 어딨는 거지?"

다리를 다 건넜는데도 불새는커녕 새장조차 보이질 않았어. 난 두 눈에 불을 켜고서 주위를 살폈지.

"사고야! 사고야! 어딨어?"

저 멀리 낯선 집이 덩그러니 보이더라고.

"저기에 불새가 있나?"

난 집을 향해 달려 나갔어. 집까지는 꽤 거리가 멀어서 주위의 숲을 한참 헤치고 가야만 했어.

얼마나 갔을까, 난데없이 발 옆에 뭔가가 툭 걸렸어.

"이게 뭐지?"

그건 동그란 알이었어.

"어? 이건 무슨 알이지? 새알인가? 헉! 혹시 공, 공룡알?"

그때 나무 위에서 다급한 목소

리가 들려왔어.

"내 알이야. 둥지에서 떨어져 버렸어."

나무 위 둥지 속 어미 새였어.

"그 알을 좀 둥지에 올려 줘. 그럼 언젠가 널 도와줄게."

어미 새의 목소리는 애절했어. 떨어진 알을 내가 해치기라도 할까 봐 애가 타는 눈치였지.

난 알을 둥지에 돌려주며 말했어.

"이젠 알을 떨어뜨리지 말고 잘 품어."

"고마워."

나는 다시 앞을 향해 걷기 시작했어.

그런데 얼마 못 가서 또 뭔가 발길에 툭 걸리는 거야. 이번엔 벌집이었어.

"벌집이 떨어진 거야? 그럼 이번엔 벌이?"

그때였어. 머리 위의 벌떼가 왕왕거리며 말했어.

"그걸 여기 위에 좀 달아 줘. 그럼 언젠가 널 도와줄게."

왕왕거리는 벌떼를 보니 물릴까 봐 더럭 겁이 나더라고. 난 냉큼 벌집을 달아 주고는 도망치듯 그곳을 빠져나왔지.

"벌들아, 다신 벌집을 떨어뜨리지 마."

그런데 그게 끝이 아니었어.

계속 걸어가다 보니 이번엔 어미 사자와 아기 사자가 보이는 거야. 사자를 보니 오줌이 찔끔 나올 정도로 무섭더라고.

놀라서 뒷걸음질 치는 내게 어미 사자가 부탁했어.

"내 아기 사자의 다리가 부러졌어. 다리를 좀 치료해 줘."

난 마른침을 꼴깍 삼켰어.

'사자의 부탁을 거절했다간 사자 먹잇감이 될지도 몰라.'

그래서 주위를 살펴 기다란 나무 조각을 찾아냈어. 그리고 아기 사자의 부러진 다리에 나무를 댄 뒤 내 옷을 찢어서는 다리에 칭칭 묶어 주었어.

"이렇게 하면 다리뼈가 서서히 붙을 거야."

"고마워. 언젠가 나도 널 도와줄게."

"아, 아냐. 괜찮아."

난 냉큼 일어서서 사자 곁을 빠져나왔어.

이젠 지체할 틈이 없어. 어서 사고를 구해야 하잖아. 난 불새가 있는 집을 향해 전속력으로 달렸어.

눈앞에 커다란 집이 나타났어.

"헉! 헉! 정말 여기 불새가 있을까?"

그런데 집이 정말 괴상하지 뭐야. 집 주위에 장대가 있었는데, 그 위에는 해골이 꽂혀 있는 거야. 온몸에 소름이 쫙 돋더라고.

그때였어. 좀 전에 만났던 어미 새가 날아오더니 내 귀에 속삭거렸어.

"여긴 바바야가의 집이야. 바바야가는 지금 잠들어 있어. 그러니까 어서 이곳을 벗어나야 해. 바바야가가 널 본다면 네 머리를 저것처럼 장대에 꽂아 버릴 거야."

헉! 바바야가라고? 사람을 잡아먹는다는 무시무시한 마녀가 저 집에 있다니!

난 부들부들 떨며 말했지.

"하지만 난 내 동생을 찾아야 해. 내 동생은 불새와 같이 있거든. 저 집에 불새가 있을지도 모르잖아."

"아니야. 불새는 저기 있어."

새는 한쪽 날개로 저만치 창고를 가리켰어.

"저기에 불새가 있다고?"

"그래. 바바야가가 불새를 저곳에 가두는 걸 내 눈으로 봤어."

정말 저곳에 불새가 있을까?

러시아 한눈에 알아보기

도시 속의 도시, 크렘린

'성채'라는 뜻의 크렘린은 러시아의 수도 모스크바 한가운데에 있는 도시예요. 크렘린은 스무 개의 크고 작은 탑, 네 개의 대성당, 여섯 개의 궁전 등으로 이루어져 있는데, 그 때문에 도시 속의 도시로 불리지요. 크렘린의 모든 건축물은 아름답지만, 그 가운데서도 크렘린 궁이 유명해요. 크렘린은 옛날에 러시아 황제가 살던 곳으로 크렘린의 건축물들은 15세기 말과 16세기 초에 이반 3세의 명령으로 지어졌어요.

건축가의 비극이 담긴 성당, 성 바실리 성당

크렘린 바로 옆에 있는 성당이에요. 폭군이던 차르 이반 4세의 명령으로 지어진 아름다운 성당이지요.
전설에 의하면 이반 4세는 성당을 지은 건축가가 대성당보다 더 아름다운 건물을 짓지 않길 원했다고 해요. 그래서 대성당이 완성되자 성당을 설계한 건축가의 두 눈을 뽑아 버렸다고 해요.

황제의 여름 궁전, 페테르고프 여름 궁전

프랑스 베르사유 궁전을 본떠 만든 궁전으로 황제들이 사용하던 여름 별궁이에요.
아름다운 정원과 분수, 폭포를 볼 수 있는데, 30여 개의 크고 작은 건물들과 수많은 조각상으로 장식되어 있어요.

황제의 겨울 궁전, 예르미타시 미술관

러시아 황제의 겨울 궁전이었던 곳이에요. 상트페테르부르크에 있는 러시아 최대의 국립 미술관으로 1764년에 설립되었어요.
예카테리나 2세가 동궁 옆에 예르미타시를 짓고 황실에서 수집한 미술품들을 보관하기 시작했는데, 1917년 러시아 혁명 이후에는 국립 미술관이 되었어요.
원시 시대부터 근세에 이르는 작품들이 약 300만 점이나 소장된 미술관이랍니다.

5장

불새 창고에서

불새를 만나다

두근두근! 창고 문을 여는 내내 가슴이 두근거렸어.

'정말 저 안에 불새가 있을까? 사고가 있을까? 만약 사고가 여기에 없으면 어떡하지?'

기대와 함께 걱정이 앞섰기 때문이야.

끼이익! 문이 열렸어.

순간 난 눈을 감고 말았지. 거기엔 아주 큰 새장이 있었는데, 거기서 눈부신 빛이 쏟아져 나오고 있었거든. 그 빛은 붉고 오묘했어.

간신히 눈을 뜬 난 동그래진 눈으로 소리쳤지.

"불새다!"

새장에 갇힌 새는 불새가 분명했어. 불을 닮은 붉은 빛과 노란 황금빛을 함께 뿜어내는 그 새의 덩치는 나보다 다섯 배는 더 커 보였어.

난 황급히 불새 주변을 살폈어. 내가 찾는 건 불새가 아니라 사고니까 말이야.

"사고야! 사고야!"

순간 불새 뒤에서 반가운 소리가 들려왔어.

"오빠! 나 여기 있어."

사고였어.

난 냉큼 주머니에 둔 황금 열쇠를 꺼낸 다음 새장으로 달려갔지. 그런데 새장 속에서 나오는 빛이 문제였어. 가까이 갈수록 불새의 빛이 강해져서 눈을 뜰 수가 없는 거야.

"오빠, 눈을 감고서 열쇠를 꽂아."

난 사고가 시키는 대로 했어. 눈을 감은 채 새장의 열쇠 위치를 찾은 거야.

더듬더듬! 얼마나 더듬거리며 고생한 걸까.

찰칵! 드디어 자물쇠가 풀렸어.

러시아의 정령과 요괴 이야기

상상의 동물 불새

슬라브족의 민담에서 등장하는 상상의 동물로 '이반 왕자와 불새'라는 민담으로 잘 알려져 있어요. 불새는 행운을 가져다주지만 그와 함께 고생도 같이 준다고 하지요.

불타오르는 듯한 모습을 가졌는데, 공작같이 꽁지깃이 치렁치렁하고 화려해요.

순간 사고가 문을 열더니 냉큼 새장에서 뛰쳐나왔지.

“히야! 탈출 성공! 오빠, 내가 얼마나 여기서 고생했는 줄 알아? 글쎄 요괴가 날 데려와서는 여기에 가둔 거야. 불새랑 둘이서 이 안에서…….”

사고는 쉼 없이 조잘조잘 그간의 이야기를 쏟아 냈어.

그런데 가만 보니 불새의 행동이 이상했어. 발을 버둥거리며 문을 툭툭 치는 거야.

“불새가 왜 저러는 거지?”

내가 고개를 갸웃거리자 사고가 답답하단 듯 혀를 끌끌 찼어.

“그것도 몰라? 불새도 새장에서 나오고 싶은 거잖아. 얼마나 답답하겠어. 불새도 새장에서 빼내 주자.”

난 멈칫했어.

불새를 새장에서 빼내는 건 애초에 계획하지 않은 일이잖아. 그래도 되는 걸까?

그런데 사고는 망설이지 않았어.

“불새도 오랫동안 저 안에 갇혀 있었대. 그리고 나랑 있는 동안 내 친구가 되어 주었단 말이야. 나 혼자 저 속에 있었다면 아마 무서워서 견딜 수 없었을 거야. 불새만 두고 나 혼자 갈 순 없어.”

사고는 불새를 잡아당기면서 새장에서 꺼내려 했어.

그런데 불새 몸이 커서 새장을 나오는 게 쉽지 않더라고. 할 수 없이 나도 사고와 함께 불새를 힘차게 끌어당겼지.

"끙! 끙! 아휴! 힘들어!"

한참을 끙끙거린 덕분에 불새의 몸통이 새장을 쑥 빠져나왔어. 화려한 날개와 꽁지도 빠져나왔지.

그런데 큰 덩치를 빼느라 애를 쓰다 보니 불새의 커다란 깃털 하나가 쑥 빠져 버렸지 뭐야. 게다가 새장이 그만 흔들흔들하며 휘청거리고 말았어.

"어? 새장이 흔들리지 않게 하라고 했는데……."

은근 걱정이 되더라고. 하지만 무슨 일이야 있겠어?

그런데 안일하게 생각할 일이 아니었어.

"크하하항!"

멀리서 거대한 고함이 들려온 거야. 소리는 점점 가까워지고 있었어.

"크하하아! 어떤 놈이 감히 새장을 건드린 거야. 내가 가만두지 않을 테다."

사고가 놀라서 소리쳤어.

"바바야가다!"

"어? 바바야가는 분명 잠을 자고 있었는데?"

불새가 입을 연 건 그때야.

"내가 깜빡했어. 바바야가가 새장에 끈을 묶었단 걸 말이야. 아마도 새장에 묶은 끈을 자신의 발에 묶어 두었을 거야. 그래서 내가 나오려고 발버둥치면서 새장이 흔들렸을 때 줄이 흔들렸겠지. 그 탓에 바바야가가 깨어난 거야."

"에구! 어떡해?"

사고는 온몸을 벌벌 떨었어.

"바바야가는 정말 끔찍하단 말이야."

크아아앙! 바바야가의 고함이 문 앞까지 다가왔어.

순간 불새가 날아오르면서 후루룩 바람이 일어났어. 그 바람에 창고를 덮고 있던 지붕이 훌렁 벗겨지며 날아갔지 뭐야.

불새는 지붕을 뚫고서 훨훨 날아가며 소리쳤어.

"얘들아, 내 깃털을 타고 도망쳐!"

다시 건너는 불의 강

"깃털을 타고 도망치라고? 무슨 깃털?"

어리둥절 주변을 두리번거리는데 사고가 땅에 떨어진 불새의 깃털을 집으며 말했어.

"오빠, 이거야. 어서 이리 와."

사고는 깃털 위에 냉큼 올랐어.

불새의 덩치가 크다 보니 깃털도 아주 컸지. 나까지 깃털 위에 올라도 될 만큼 말이야.

순간 깃털이 비행기처럼 붕붕 날아올랐어.

"히야! 깃털 비행기다!"

사고가 신이 나서 소리쳤지.

우리를 태운 깃털은 뻥 뚫린 천장을 통해 창고를 빠져나왔어.

밖으로 나오자마자 보인 건 바바야가였어. 헉! 바바야가가 막 창고 문을 열고 있지 뭐야.

그 모습을 본 사고가 혀를 날름거리며 놀렸어.

“메롱! 메롱! 우린 여기 있지롱!”

소리를 들은 바바야가가 우릴 올려다보았지.

그런데 바바야가의 모습은 정말 소름이 돋도록 무섭지 뭐야. 깡마른 해골 같은 저 얼굴 좀 봐. 절굿공이로 우리를 내리치면 어떡하지?

더 끔찍한 일은 그다음에 벌어졌어. 우리를 본 바바야가가 절구통을 타고서 날아오른 거야.

“낄낄낄! 드디어 잡았다. 동생을 찾으러 네가 올 줄 알았지. 이제 라즈보이닉과 코셰이에게 너희 둘을 먹여서 힘을 되살리는 의식을 치를 시간이야. 거기 섰거라!"

"으아악!"

좀 전까지만 해도 혀를 날름거리며 놀려 대던 사고였지만 절구통을 타고 날아오르는 바바야가의 모습에 놀라 비명을 질렀어. 사고의 손이 부들부들 사시나무처럼 떨렸지.

툭하면 잘난 척하고 늘 자신만만이던 사고에게서는 좀처럼 볼 수 없던 모습이었어.

'사고가 바바야가에게 엄청 시달렸나 보네.'

어쩐지 사고가 가엾더라고.

'이럴 때 오빠인 내가 힘을 내야 해. 침착해야 해.'

난 마음을 굳게 다잡았어. 그리고 바바야가를 향해 고함쳤어.

"바바야가! 넌 우릴 잡을 수 없어. 게다가 코셰이는 이미 내가 봉인 주머니에 가둬 버렸는걸."

바바야가는 콧방귀만 팽 뀌었어.

"낄낄! 봉인 주머니야 풀면 되지. 너희들만 잡으면 돼."

바바야가는 무서운 속도로 우릴 쫓아왔어.

"으악! 어서 도망치자!"

난 깃털을 부여잡고서 재촉했어.

깃털이 쌩쌩 속력을 내기 시작했어. 속력이 워낙 세다 보니 스쳐 가는 바람의 힘도 대단하지 뭐야. 자칫 방심했다간 바람에 날아갈 것만 같았어.

사고와 난 깃털을 꼭 부여잡고서 떨어지지 않으려고 애를 써야 했어.

"게 섰거라!"

바바야가도 무서운 속도로 뒤쫓아 왔지.

얼마나 날아간 걸까. 저만치 낯익은 것이 보이더라고.

"불의 강이다."

시뻘겋게 솟구치는 불의 강이 무섭기만 하더니 지금은 정말 반갑더라고.

"저 강만 건너면 돼."

저기만 건너면 도모보이와 키키모라의 도움을 받을 수 있잖아.

"사고야, 조금만 참아. 이제 곧 도모보이와 키키모라를 만날 수 있어."

우리를 태운 깃털이 불의 강 위를 날아가기 시작했지.

그런데 바바야가도 만만치가 않았어. 금세 우리 뒤를 바싹 쫓아와서는 절구통으로 쿵! 쿵! 깃털을 들이받지 뭐야.

생각지도 못한 일이 벌어진 건 그때였어.

바바야가를 피하려고 몸을 틀다가 그만 주머니에서 쑥 빠져나오는 봉인 주머니를 놓쳐 버린 거야.

"앗! 어떡해!"

난 주머니를 잡으려고 두 팔을 버둥거렸지.

덕분에 요괴들을 봉인했던 두 개의 주머니는 붙잡을 수가 있었어. 하지만 빈 봉인 주머니 두 개는 놓치고 말았지.

툭! 불 속으로 떨어지며 활활 타 버린 봉인 주머니들!

"아휴! 아까워!"

키키모라가 100년에 한 개씩 짠 봉인 주머니잖아. 그걸 두 개나 태워

버리다니!

하지만 불타는 봉인 주머니를 안타까워할 틈조차 우리에겐 없었어.

"어? 이러다가 잡히겠어."

바바야가의 팔이 훅 우리를 덮쳐 온 거야.

"낄낄! 요 녀석들, 이젠 잡았다!"

으악! 정말 이대로 우린 요괴의 먹이가 돼 버리는 걸까?

그때였어.

"우리가 도와줄게."

저만치에서 누군가 소리치며 새까맣게 몰려오는 모습이 보였어. 그건 바로 새떼랑 벌떼, 그리고 사자 무리였어.

나는 깜짝 놀랐지. 처음 불의 강을 건넜을 때 숲에서 만났던 그 새와 벌, 사자였거든. '언젠가 도와줄게'라고 한 말이 빈말은 아니었던 거야.

다급히 날아온 새들은 바바야가의 눈을 마구 쪼아 댔어. 벌떼는 바바야가의 손을 쏘아 댔지. 사자들이 펄쩍펄쩍 뛰어오르며 바바야가의 절구통을 끌어내리고 말이야.

신비한 숲에서 사는 동물들이라서 그런지 불덩이 속에서도 멀쩡하더라고.

그 틈에 나랑 사고는 무사히 불의 강을 건널 수 있었지.

"얘들아, 고마워!"

우리가 강을 건너자마자 새와 벌과 사자들은 화르르 흩어졌어.

바바야가의 어마어마한 힘을 당할 수는 없었던 거야. 정신을 차린 바바야가가 속력을 내며 다시 우릴 뒤쫓았어.

“크아아아! 이 녀석들, 가만두지 않을 테다!”

강 건너에서 도모보이와 키키모라가 다급히 손을 흔들어 댔어.

“사고야! 뭉치야! 어서 이리 와. 어서!”

러시아의 음식 문화

러시아 사람들은 검소하고 소박한 음식을 즐기는 편이에요. 오래전부터 기장, 메밀, 우유 등을 먹어 왔지요.

전통적인 러시아 음식에는 호밀로 만드는 흑빵과 각종 곡물로 만드는 죽 카샤, 그리고 녹말을 쓰는 젤리 모양의 키셀 등이 있어요.

러시아 사람들은 각종 육류, 조류, 어류도 일찍부터 식용으로 활용했는데, 16세기 후반부터는 철갑상어 알인 캐비아도 러시아의 전통 음식으로 자리 잡게 되었지요.

러시아인들은 맥아를 발효시켜서 만드는 크바스와 맥주를 좋아하고 도수가 높은 보드카도 즐겨요.

러시아 정찬 코스

지역마다 차이가 있긴 하지만, 보통 러시아인들은 다음과 같은 순서로 정찬 코스를 즐겨요.

① 자쿠스카 : 전채 요리로 쇠고기나 각종 육류를 익힌 다음 식혀서 먹는 냉육이나 캐비아, 청어 절임과 함께 샐러드를 곁들여요.

② 수프 : 뜨거운 수프로는 보르시치, 솔랸카, 우하 등이 있어요. 여름엔 차가운 수프인 오크로슈카를 즐겨요.

③ 육류, 조류 혹은 생선 요리 : 비프 스트로가노프는 볶은 쇠고기에 러시아식 사워크림인 스메타나로 만든 소스를 곁들인 요리예요. 샤슬릭은 러시아식 꼬치구이로 큼직하게 썬 고기에 소금과 후추 및 각종 향신료로 간을 한 후, 꼬치에 꽂아 숯에서 구운 요리예요.

④ 디저트 : 아이스크림이나 각종 파이, 케이크와 잼을 곁들인 홍차를 즐겨요.

러시아의 새해맞이 음식

러시아는 새해를 맞이할 때 온 가족이 모여 올리비에 샐러드를 만들어 먹는 풍습이 있어요. 올리비에 샐러드는 국민 샐러드로 불릴 만큼 사랑을 받는 음식이에요. 올리비에 샐러드는 닭가슴살과 당근, 감자, 달걀 등의 다양한 재료를 삶고 잘게 잘라서 마요네즈에 버무린 음식으로, 새해 전야뿐만 아니라 각종 축제에서도 즐겨 먹어요. 이 요리는 1860년 모스크바 레스토랑의 주방장인 루시엔 올리비에가 처음으로 만들었는데, 그의 이름을 따서 올리비에 샐러드로 불리게 되었지요.

봄맞이 축제 마슬레니차에 먹는 음식, 블린

마슬레니차는 러시아에서 열리는 봄맞이 축제예요. 긴 겨울이 끝나 갈 무렵, 금식이 시작되는 사순절을 앞두고 슬라브인들은 기름지고 영양가 높은 음식과 술을 먹으며 새로운 봄을 맞이하는 축제를 벌이지요. 이 기간에 러시아인들은 밀가루, 메밀가루, 달걀에 버터를 듬뿍 넣은 블린을 구워서 가족, 친지 등과 나눠 먹어요. 블린은 둥근 모양의 부침개인데, 이 둥근 모양은 태양을 의미해요. 또 삶과 자연의 순환이란 의미를 담고 있지요.

러시아인들이 좋아하는 꿀

꿀은 동슬라브인들이 즐겨 먹는 음식 중 하나예요. 그래서 꿀로 알콜 음료를 만들어서 마시기도 하지요. 꿀에 열매를 넣어 버찌꿀 · 구즈베리꿀 · 노간주꿀 · 딸기꿀 · 패랭이꿀 등 특별한 꿀을 만들어서 먹기도 해요.

6장

바바야가와 마지막 전투

키키모라의 놀라운 마법

사고와 내가 막 도모보이가 있는 곳까지 왔을 때였어. 뒤돌아본 난 기겁하고 말았지.

"으아악! 라즈보이닉도 왔어."

바바야가와 함께 라즈보이닉도 우릴 쫓아오고 있었던 거야.

라즈보이닉은 정말 흉악한 모습에 거대한 몸집을 자랑하지. 거기에 바바야가까지 함께 날아오고 있으니, 그 광경은 그야말로 악귀 군단이지 뭐야.

순간 난 생각했어.

'아, 이게 게임이면 얼마나 좋아. 그럼 [종료] 버튼만 누르면 악귀들이 몽땅 사라져 버릴 거 아냐.'

하지만 이건 게임이 아니잖아. 우리가 직접 맞서서 이겨 내야만 하는 거야. 그런데 우리 편이란 고작 털북숭이 도모보이와 바싹 마른 키키모라!

깃털에서 내려선 난 한숨만 나오더라고.

"아휴! 이제 어떻게 요괴들을 상대하지?"

벌써 바바야가와 라즈보이닉도 강을 건너 우리를 향해 오고 있었어.

"크하하항!"

"낄낄낄! 이제 곧 이 세상은 우리 것이 될 것이다!"

신이 나서 소리치는 요괴들 좀 봐.

"어떡해? 어떡하냐고?"

사고는 발까지 동동 구르며 안절부절 소리를 질러 댔어.

그때였어. 저만치서 누군가 달려오며 고함쳤어.

"얘들아, 어서 피해!"

순간 도모보이의 얼굴이 환해졌어.

"회색 늑대야!"

회색 늑대가 회색 털을 날리며 달려오고 있었던 거야. 늑대는 쏜살처럼 달려와서는 우리를 덮쳐 오는 바바야가를 온몸으로 막아섰어.

갑작스런 늑대의 등장에 바바야가도 놀란 눈치였지.

회색 늑대는 날카로운 이빨을 드러내며 요괴들을 향해 으르렁대며

거칠게 위협했어.

그러더니 우리를 향해 말했어.

"내가 너희들만 보내고서 얼마나 불안하던지. 혹시나 해서 와 보니 역시나군. 내가 시간을 끌어 볼 테니 어서 요괴를 막을 방법이나 생각해 봐."

회색 늑대는 바바야가와 라즈보이닉을 온몸으로 막아 내며 안간힘을 썼어. 하지만 두 명의 요괴를 회색 늑대 혼자서 맞서는 건 처음부터 불가능한 일이었지.

"크아아앙! 맛 좀 봐라."

바바야가는 머리칼을 휘두르자, 긴 머리칼이 쑥쑥 늘어나며서 회색 늑대를 챙챙 감아 버렸어. 머리칼에 감긴 회색 늑대는 공중으로 치솟다가 이내 땅으로 떨어지며 나뒹굴고 말았어.

"어떡해?"

사고와 난 비명을 지를 뿐 아무것도 할 수 없었어.

도모보이도 바바야가 앞에서는 파랗게 질려서 아무것도 하질 못하지 뭐야.

"붐붐지제지제!"

키키모라가 울어 댄 건 그때야. 키키모라는 갑자기 곱사등의 허름한 차림의 노인으로 모습을 바꾸었어.

"키키모라, 뭘 하려는 거야?"

놀란 나와 사고의 귀에 도모보이가 속삭였어.

"얘들아, 당장 눈을 감아, 어서!"

"왜?"

"설명할 틈이 없어. 어서 눈을 감아. 어서!"

도모보이는 회색 늑대에게도 다급히 말했어.

"당장 눈을 감아, 어서!"

순간 회색 늑대도 눈을 꼭 감았지.

"오빠, 하라는 대로 해. 눈이나 감아."

어쩔 수 없이 나도 눈을 꼭 감고 말았어.

그런데 다음 순간, 이상한 일이 벌어졌어.

"으아악! 악!"

"꺄아악!"

으르렁대던 바바야가와 라즈보이닉이 비명을 지르는 거야.

그러더니 시끄럽던 주변이 삽시간에 조용해져 버렸어. 마치 컴퓨터에서 음소거 버튼을 눌러 버린 것처럼 말이야.

'대체 무슨 일이 벌어진 걸까?'

궁금해서 참을 수가 없더라고.

살짝 눈을 떠 보았지.

세상에! 순간 난 깜짝 놀라고 말았어. 천둥처럼 으르렁대던 바바야가와 라즈보이닉이 기운이 다 빠진 종이 인형처럼 비틀거리지 뭐야.

대체 이게 무슨 일이야?

마지막 봉인

뒤를 이어 눈을 뜬 사고도 깜짝 놀랐지.

"헐! 요괴들을 누가 저렇게 만든 거지?"

도모보이가 노인으로 변한 키키모라를 가리키며 말했어.

"키키모라의 죽음의 실 짜기 마법에 걸린 거야."

도모보이는 안도의 숨을 뱉더니 말을 계속 이었지.

"키키모라에겐 대단한 마법 능력이 있어. 밤에 키키모라가 실을 짜는 걸 보면 그 사람들은 죽게 되거든. 키키모라가 그 힘을 쓴 거야. 그래서 너희들에게 눈을 감으라고 한 거지. 조금 전에 노인의 모습으로 키키모라가 실을 짜기 시작했거든. 바바야가와 라즈보이닉은 그걸 보고 만 거고, 그 때문에 힘이 빠져 버린 거지. 인간이 아니라서 죽진 않았지만 말이야."

도보보이가 설명하는 동안 키키모라는 새의 모습으로 돌아갔어.

키키모라는 여전히 걱정스런 표정으로 말했어.

"그렇다고 끝난 게 아냐. 너무 다급했기 때문에 요괴들의 힘을 잠시 뺏은 것뿐이거든. 곧 요괴들이 다시 힘을 되찾을 거야."

키키모라의 말이 맞았어.

잠시 뒤, 바바야가와 라즈보이닉이 몸을 세우며 다시 으르렁거리기 시작한 거야.

키키모라가 소리쳤어.

"얘들아, 바바야가가 힘을 모두 찾기 전에 어서 봉인 주머니에 가둬."

하지만 남은 봉인 주머니는 불의 강에 타 버렸잖아.

난 울상이 되었지.

"봉인 주머니 두 개가 불의 강에 떨어져 버렸는걸. 어떡해?"

하늘로 훨훨 불새가 나타난 건 그때야. 불새가 우리를 향해 고함쳤어.

"얘들아, 내가 영원한 봉인 마법의 비법을 알려 줄게. 어서 이걸 받아!"

불새는 뭔가를 툭 떨어뜨렸어. 사고는 냉큼 그것을 받아 냈지.

"와! 마트료시카 인형이다."

커다란 인형이 사고 손에 오뚝이처럼 흔들리고 있었어.

난 불새를 향해 투덜거렸지.

"마트료시카 인형은 인형 속에 인형을 넣는 거잖아. 지금 이런 장난이나 하고 있으라는 거야? 말도 안 돼. 이게 어떻게 봉인 마법의 비법이 된다는 거지?"

그런데 인형을 빤히 보던 사고는 두 눈을 반짝 빛냈어.

"그거야! 인형 합체! 합체해 버리면 봉인함이 되는 거야."

불새가 고개를 끄덕였어.

"맞아. 어서 인형들을 펼쳐 봐. 그리고 봉인 마법을 외치며 요괴들을 인형에 가둔 뒤에 냉큼 인형을 합체해. 어서!"

사고의 말이 그럴듯하더라고.

난 사고와 같이 인형을 모두 펼쳤어. 인형은 큰 본체 인형 속에서 네 개나 나왔어.

네 개가 모두 펼쳐진 순간, 바바야가와 라즈보이닉이 우리를 향해 비틀비틀 걸어왔어. 아직 힘이 덜 회복된 게 분명해. 이 기회를 놓쳐선 절대 안 돼.

난 급히 봉인 주문을 외웠지.

"뿌쉬낀 까르방 봉두 봉인! 뿌쉬낀 까르방 봉두 봉인!"

러시아의 문화유산 이야기

마트료시카 인형

마트료시카는 나무로 만든 러시아의 전통 인형이에요. 몸체 속에는 조금 작은 인형이 들어 있는데, 보통 여섯 개 이상인 경우가 많아요.

행운을 가져준다고 하는 마트료시카는 러시아어로 어머니라는 뜻의 '마티'에서 나왔다고 해요. '어머니 인형'이라는 뜻으로 다산(多産)과 풍요를 기원하는 인형이랍니다.

그러면서도 난 의구심을 떨칠 수 없었어.

'정말 이 인형들이 요괴들을 봉인할 수 있을까?'

그런데 그 순간 요괴들이 비명을 질러 대기 시작했어.

"으아악! 악!"

"크아아앙! 안 돼!"

비명과 함께 라즈보이닉이 먼저 쭈욱 인형 속으로 빨려 들어가 버렸어. 뒤이어 봉인 주머니 속의 두 요괴도 인형으로 빨려 들어갔지.

마지막은 바바야가였어. 바바야가는 빨려 들어가지 않으려고 갖은 애를 써 댔어. 다리와 몸통을 바둥거리며 버텼지.

불새가 다시 고함쳤어.

"지금이야. 시간이 없어. 얘들아, 어서 인형들을 합체해. 서둘러!"

사고는 작은 인형부터 순서대로 포개기 시작했지.

"하나! 둘! 셋! 넷!"

"크아아앙! 안 돼!"

그 순간 바바야가는 비명을 지르며 네 번째 인형 속으로 쑤욱 빨려 들어가 버렸어. 인형에서 나온 폭풍 같은 바람이 바바야가를 꿀꺽 삼켜 버린 거야.

사고가 마지막 본체 인형으로 네 번째 인형마저 합체하는 순간이었어.

"와! 드디어 봉인 완료!"

그제야 우린 털썩 주저앉으며 안도의 숨을 내쉴 수 있었어.

어느새 궁이 환하게 밝아지고 있었어.

도모보이와 키키모라, 불새와 회색 늑대의 모습이 희미해지기 시작했어. 정령과 요괴의 시간이 사라지고 있는 거야.

난 공중에 붕붕 뜬 인형을 보며 중얼거렸어.

"이 인형은 어쩌지? 또 누군가 봉인을 풀 수도 있잖아."

순간 키키모라가 인형을 쥐며 말했어.

"걱정 마. 방법은 많아. 키로프 광장에서 처리할 방법이 있거든."

도모보이도 말했지.

"시베리아 얼음 속에 묻어 버릴 수도 있지. 우리가 알아서 할게. 너희

러시아의 문화유산 이야기

키로프 광장

러시아의 정치가 세르게이 키로프의 이름을 본딴 광장이에요. 이르쿠츠크 시내의 중앙에 자리 잡은 대표적인 관광 명소지요.
광장 한켠엔 전쟁에서 숨진 전사자들을 기리는 '영원의 불꽃'과 그들의 이름을 적은 전시대가 있어요.

세르게이 키로프(1886~1934)

둘은 이제 돌아가서 결혼식이나 즐기라고."

그제야 결혼식을 떠올린 사고와 난 당황했어.

"아! 맞다. 이모의 결혼식!"

"기념사진은 꼭 찍어야 하는데."

모든 게 연기처럼 사라진 건 그때야. 마치 정령과 요괴의 시간이 사라지고 인간의 시간으로 돌아왔다는 듯 도모보이와 키키모라, 회색 늑대와 불새, 인형까지 모두 사라졌어.

대신 눈앞으로 본래의 모스크바가 되살아났지.

"오빠, 저기 봐. 이모 결혼식장이야. 어서 가서 사진 찍자."

사고와 난 결혼식장을 향해 달려갔어.

근데 어디 갔었냐고 하면 부모님께 뭐라고 대답해야 할까?

에피소드

봉인 인형은 어떻게 되었을까?

한국으로 돌아온 우린 사진을 보며 추억을 되새길 수 있었어.

"히히! 이모 좀 봐. 정말 행복해 보여."

"오빠, 나도 예쁘지? 내가 사진을 좀 잘 받잖아. 이 정도면 나중에 모델을 해야 하는 것 아닐까?"

사고의 잘난 척엔 두 손 두 발 다 들고 말았어.

"그래! 모델을 하든, 아이돌을 하든 네 맘대로 해."

그런데 문득 정령들 생각이 나더라고. 정령들은 사진에 담겨 있지 않잖아.

"도모보이랑 키키모라도 찍은 사진이 있으면 좋았을 텐데."

사고도 아쉬운 듯 말했어.

난 러시아 쪽을 바라보았지.

"도모보이와 키키모라는 인형을 잘 처리했을까? 시베리아 얼음과 불속 중 어디에 버린 걸까?"

그러자 사고가 스마트폰으로 검색한 기사 하나를 보여 주었어.

"러시아 키로프 광장의 꺼지지 않는 불이 이유 없이 대형으로 타올랐대."

사고와 난 바로 알아차렸지.

"크크, 바로 여기였구나."

"그래. 요괴들은 모두 불타 버렸을 거야."

난 안도하며 중얼거렸어.

"이제 다신 이런 엄청난 일은 안 생겼으면 좋겠어."

정말 그럴까? 우리의 모험은 이제 끝일까?

러시아 한눈에 알아보기

러시아는 어떤 나라일까?

러시아의 정식 명칭은 러시아 연방(Russian Federation)으로 사회주의 국가예요. 1억 4,395만 명(2024년 기준)의 인구를 가진 나라로, 150여 개의 크고 작은 민족으로 구성되어 있는데 러시아인이 전체 인구의 80%를 차지해요. 수도는 모스크바이고, 주요 언어는 러시아어예요. 러시아는 세계에서 면적이 가장 큰 나라인데, 우랄 산맥을 기준으로 동쪽은 아시아, 서쪽은 유럽과 맞닿아 있고 남동쪽은 험준한 산악 지대, 북서쪽은 광활한 평지로 이루어져 있지요.

러시아에서 소련으로

러시아는 옛날엔 황제가 다스리던 나라였지만 1917년 11월 7일의 '11월 혁명'으로 세계 최초의 사회주의 국가가 되었어요. 그 후 혼란스럽던 나라 안을 수습하며 소비에트 연방을 결성하게 돼요. '러시아'라는 이름을 버린 거예요.

연방이란 자치권을 가진 복수의 국가가 공통된 정치 이념 아래 통합되어 하나의 국가를 형성하는 것을 말해요. 이후 소비에트 연방은 '소련'으로 불리게 되었어요.

소비에트 연방은 15개의 공화국으로 구성되었어요.

15개의 공화국은 러시아 · 우크라이나 · 벨라루스 · 우즈베크 · 카자흐 · 아제르바이잔 · 몰다비아 · 키르키스 · 타지크 · 아르메니아 · 투르크멘 · 그루지야 · 에스토니아 · 라트비아 · 리투아니아예요.

소련 국기

러시아 국기

소련에서 러시아 연방으로

1980년대에 소비에트 연방은 또다시 큰 변화를 겪게 돼요.

역사적인 변화의 물결과 큰 사건들에 휩싸이면서 1991년에 공산주의 포기와 공산당 해체를 계기로 각 공화국이 독립을 강행하게 되었거든요. 그 때문에 소비에트 연방은 급속히 붕괴되며 해체되고 말았어요.

연방 해체 후 에스토니아 · 라트비아 · 리투아니아 등 발트 3국을 제외한 12개 독립 공화국이 1992년 1월 1일을 기해 독립 국가 연합을 형성했어요.

소련은 정식으로 해체되고 러시아 연방이 성립된 거예요.

현재 러시아 연방은 공화국 21개, 주 49개, 변경 지역 6개, 자치주 1개, 자치구 10개, 수도인 모스크바와 상트페테르부르크의 특별시 2개 등 총 89개의 연방 주체로 구성되어 있어요.

OX 퀴즈

러시아의 역사와 문화에 대해 친구들이 설명하고 있네요. 맞는 내용에는 O, 잘못된 내용에는 X로 표시하세요.

러시아를 대표하는 무용이 뭔지 알아?
바로 발레라고!

O X

러시아는 단일 민족,
단일 언어로 이루어진 독립 국가야.

O X

러시아를 대표하는 작가 이름은
푸시킨, 도스토옙스키, 톨스토이야.

O X

인류 최초로 우주 비행에
성공한 사람은
러시아 사람이야.

O X

옛날 러시아 황제들이
여름에 별장처럼 가던 곳이
바로 예르미타시 궁이야.

O X

정답: 뭉치 O 사고 X 도모보이 O 키키모라 O 바바야가 X

와글와글 토론

러시아와 우크라이나의 갈등은 해결할 수 있을까?

2022년 러시아 대통령 푸틴은 특별 군사작전 개시 명령을 선언하고, 우크라이나를 침공했어요. 처음에 러시아의 공식 입장은 전쟁이 아니라 특별 군사작전이었어요. 전쟁이든, 군사작전이든 많은 민간인과 병사들이 목숨을 잃고 있는데요. 이것에 대한 다음 친구들의 토론을 읽고 여러분은 어떤 생각이 드는지 말해 보세요.

토론 참가자 이반 올가

이건 러시아의 명분 없는 전쟁이야. 2024년 러시아 푸틴 대통령의 임기가 끝나기 때문에 우크라니아를 병합하여 러시아를 더 강한 나라로 만들기 위한 게 목적이라고.

물론 그럴 수도 있겠지. 그런데 그 전에 우크라이나가 나토(북대서양 조약 기구)에 가입하려고 해서 러시아가 위협을 느껴 충돌한 것이라는 의견이 있어. 어쨌든 결국 전쟁은 발발했고, 우크라이나의 목표는 러시아에 점령된 영토를 되찾고 나토에도 가입하는 거야.

러시아와 완전히 정반대인 거지. 러시아는 우크라이나 내 친러파 우세 지역을 점령하고, 우크라이나가 나토 가입을 못하도록 막는 것이거든. 러시아는 이걸 계기로 안보 위협을 저지하고, 예전의 자국 영토였던 지역을 되찾고 싶은 것 같아.

그런데 이유가 어쨌든 간에 난 이 전쟁이 이렇게 길어질지 몰랐어. 러시아가 무력으로 짧은 시간 내에 우크라이나를 항복시킬 줄 알았거든. 그렇다고 러시아의 입장을 옹호하는 것은 아니니까 오해하지 마. 그냥 전쟁이 계속 길어지니 양국 국민의 피해가 너무 심해지는 게 걱정되어 하는 말이야.

양측 군대의 사망자 수를 정확히 알 수는 없지만, 전쟁이 길어지고 있는 상황이라 수만 명이 목숨을 잃었을 거라고 전문가들은 추정하고 있어. 게다가 폭격으로 인한 민간인 사망은 헤아리기 힘들어.

우리가 생각하기 어려운 여러 가지 문제 때문에 전쟁이 끝나지 못하고 있는 거잖아. 그렇지만 죄 없는 사람들이 목숨을 잃는 건 잘못된 것 같아. 러시아와 우크라이나뿐만 아니라 다른 나라에서도 이 전쟁이 끝날 수 있도록 국제적으로 어떤 조치를 취할 수는 없을까?

나도 그 생각에는 동감이야. 이러다 혹시 세계 대전으로 확대될까 봐 걱정이야.

내 생각에는……

교과연계표

[3학년 1학기 사회] 2. 일상에서 만나는 과거
[3학년 2학기 사회] 1. 사회 변화와 다양한 문화

[4학년 1학기 사회] 2. 우리 지역의 국가유산

[6학년 2학기 사회] 1. 세계 여러 나라의 자연과 문화